Boris Prem

TÍTA'U

LEHRWERK VEDISCH

Die Sprache des Ṛg Veda

Lösungen

Band I

FSC
www.fsc.org
MIX
Papier aus verantwortungsvollen Quellen
Paper from responsible sources
FSC® C105338

Bibliografische Information der Deutschen Nationalbibliothek: Die Deutsche Nationalbibliothek verzeichnet diese Publikation in der Deutschen Nationalbibliografie; detaillierte bibliografische Daten sind im Internet über dnb.dnb.de abrufbar.

1. Auflage (07.2021)

Covermotiv (Getreideschwinge): Christine Prem
Herstellung und Verlag: BoD – Books on Demand, Norderstedt

ISBN 978-3-7534-7148-8

Parvan 1

1. Glottisvokale: ʔa,ʔi,ʔu; vokalische Liquidae: ṛ, ṝ, ḷ; Gutturale: k, g, gh; Palatale: c, j, ñ; Dentale: d, dh, n; Labiale: p, bh, m; Halbvokale: y, r ,v; Sibilanten: ś, ṣ, s
2. i, e, ai; ji, je, jai; tṝ, tar, tār; dhṛ, dhar, dhār; pū, po, pau; mi, me, mai; mṛ, mar, mār; yu, yo, yau; vṝ, var, vār; su, so, sau; stu, sto, stau; hi, he hai
3.

cit	cet	cait
ric	rec	raic
dyut	dyot	dyaut
muc	moc	mauc
mṛj	marj	mārj
sṛj	sarj	-
duh	doh	-
dṛś	darś	-
nṛt	nart	-
mṛś	marś	-
ūh	oh	-
śubh	śobh	-

4. sonst Formen von Wurzeln -i/-ī im Lemma, pau von Wurzel -ū im Lemma
5. sonst schwache Formen, ce stark
6. sonst Formen von offenen Wurzeln im Lemma, poṣ von geschlossener Wurzel im Lemma
7. sonst Formen von geschlossenen Wurzeln im Lemma, dhār von offener Wurzel im Lemma
8. tn, gm, jñ
9. cār, tāp, dāh, bhāj
10. gm, mn, tn, pd, s, tp, pc, sc, sh
11. ga, na, ma, ha, ṛc, ta
12. jā, tā, vā, sā
13. falsch: Geschlossene Wurzeln mit i-ī/u-ū/ṛ-ṝ im Lemma lauten stets nur auf *einen* Konsonant aus. (Gegenbeispiele: piṃś, vind, siñc, ukṣ, okṣ etc.)

Parvan 2

1. krad, krand, krānd; jñā, jñā, jñā; pā, pā, pā; prach, prach, prāch; prā, prā, prā; mā, mā, mā; yaj, yaj, yāj; skad, skand, skānd; sthā, sthā, sthā; hvā, hvā, hvā
2.

uc	vac	-
im	yam	yâm
sṛj	sraj	srāj
ij	yaj	yāj
up	vap	vāp
uṣ	vas	-
vidh	vyadh	vyādh
uh	vah	-
pṛch	prach	prāch
dṛś	draś	drāś

3. sonst Formen, die (auch) lang-vokalisiert-schwundschach, dā ist stark und überstark
4. sonst langvokalisch-schwach, langvokalisch-stark und überstark bzw. zumindest zwei der drei genannten Varianten, jā nur lang-vokalisiert-schwundschwach
5. sonst (prosodisch) lange Wurzeln, prath kurz(vokalisch)e Wurzel

6. sonst nasalierte der nasal-quantitativen Abstufung unterliegende Wurzeln, vand ohne Abstufung
7. tān, dā, dhā, pā, prā, mā, rā, sthā, hā
8. dā, vap, vad, krand, śaṃs
9. vah, grabh, randh, darś/draś, dabh/dambh, bandh, vyadh
10. schwundschwach: s, śṝ, h, mṛś, ghn, d, dh; schwach: kṣi, piṃś, und, dhmā, spaś; stark: bro, so, oh, nart, ej, dambh, myakṣ; überstark: nai, dyaut
11. schwach und stark: kṣar, gā, bhā, car, tan, nam, ad, khyā; stark und überstark: kār, kṣār, mār, nām, bhāj
12. falsch: Verbalwurzeln ohne Abstufung haben weder schwache noch starke Formen. Allerdings unterscheiden sich die Varianten in formaler Hinsicht nicht.

Parvan 3

1. a-ñ-j, aś-nu, sa-nu, bhu-ñ-j, ri-ṇā, śṝ-ṇ, śṛ-ṇu, tṛ-ṇa-d, muṣ-ṇā, gṛ-ṇā, gṛbh-ṇā, stabh-n, ram-ṇ, yu-ñ-j
2. aj, aś, pṝ, vṛ, san, śru, stabh, tan, mī, jñā, muṣ, gṝ, grabh, yuj
3. añj, aśyā, riṇā, vano, pūn, hinu, tṛṇād, badhn, ramṇā, suno, unad
4. tṛnd, und, bhinad, yunaj, tṛṇad, anaj, bhunaj, yuñj, unad
5. sonst Präsensstämme mit -na-, badh-n Präsensstamm -nā
6. sonst starke Stämme, aś-nu schwacher Stamm
7. sonst unterscheidet sich die Wurzelvariante des Präsensstamms von der als Lemma dienenden Wurzelvariante (va versus van, gṛ versus gṝ, gṛbh versus grabh, mi versus mī, jā versus jñā, śṛ versus śru, ma versus man), die Wurzelvariante in pṝ-ṇā hingegen ist mit der als Lemma dienenden Wurzelvariante identisch (in beiden Fällen pṝ)
8. sonst Radikalia mit nurakzentmarkierter Abstufung, dúr mit Samprasâraṇa-Abstufung
9. sonst starke Formen, dyáu überstark
10. sonst Radikalia, ketú Suffigale
11.

mūrdhán	mūrdhán	mūrdhân
vibhâvan	vibhâvan	vibhâvān
ṛtâvan	ṛtâvan	ṛtâvān
ātmán	ātmán	ātmân
dāmán	dāmán	dāmân
ádhvan	ádhvan	ádhvān
brahmáṇ	brahmáṇ	brahmâṇ
râjan	râjan	râjān
mahimán	mahimán	mahimân
ṛtâvan	ṛtâvan	ṛtâvān

12. sonst Neutra, brahmán Maskulinum
13. sonst Suffigalia, páth-pánth Radikale
14. kurz-vokalisiert-schwundschwach: tatanúṣ, janitṛ́; lang-vokalisiert-schwundschwach: samîc; kurzvokalisch-schwach: uruvyác, pratyác; nasaliert-kurzvokalisch-stark: pīpiváṃs, īyiváṃs; langvokalisch-überstark: púmāṃs; nasaliert-langvokalisch-überstark: návīyāṃs
15. svásār, sákhai, dhenáu, dvâr, janitâr, ketáu, devyâ
16. falsch: Suffigalia -at haben niemals überstarke Abstufungsvarianten. (mahânt ist überstark)

Parvan 4

Epiphanie I

1. O Gott, mögest du erscheinen!
2. Gott möge erscheinen!
3. MITRÁ möge erscheinen!
4. O Götter, möget ihr erscheinen!
5. Die Götter mögen erscheinen!

Epiphanie II

1. „Der SONNENGOTT (die Sonne) möge erscheinen!‟, spricht der Seher
2. „Ich will erscheinen!‟, spricht der SONNENGOTT.
3. „MITRÁ und VÁRUṆA mögen erscheinen!‟, spricht der Seher.
4. „Wir beide wollen erscheinen!‟, sprechen MITRÁ und VÁRUṆA.
5. „Der SONNENGOTT, MITRÁ und VÁRUṆA mögen erscheinen!‟, spricht der Seher.
6. „Wir wollen erscheinen!‟, sprechen der SONNENGOTT, MITRÁ und VÁRUṆA.

Unter dem Schutzschild des VÁRUṆA

1. „Ich will unter dem Schutzschild des VÁRUṆA sein!‟, spricht der Seher.
2. „Ich will nicht unter dem Zorn des VÁRUṆA sein!‟, spricht der Seher.
3. O Seher, mögest du unter dem Schutzschild des VÁRUṆA sein!
4. O Seher, mögest du nicht unter dem Zorn des VÁRUṆA sein!
5. „Unter dem Schutzschild des VÁRUṆA wollen wir beide sein!‟, sprechen die beiden Seher.
6. „Nicht unter dem Zorn VÁRUṆA wollen wir beide sein!‟, sprechen die beiden Seher.
7. O ihr beiden Seher, möget ihr unter dem Schutzschild des VÁRUṆA sein!
8. O ihr beiden Seher, möget ihr nicht unter dem Zorn des VÁRUṆA sein!
9. Wir wollen unter dem Schutzschild des VÁRUṆA sein!‟, sprechen die Seher.
10. O Seher, möget ihr unter dem Schutzschild des VÁRUṆA sein!
11. Die Übeltäter mögen unter dem Zorn des VÁRUṆA sein!
12. Der Wohltäter möge unter dem Schutzschild des VÁRUṆA sein!

Unter dem Schutzschild des SONNENGOTTES

1. Mítra!, bhûs!
2. Váruṇas-ca bhût!
3. Mitrás Váruṇas-ca bhūtâm!, íti āhúr víprās.
4. Sukŕt śármaṇi bhût Sûryasya!
5. Bhūtá, víprās!, śármaṇi Sûryasya!
6. Duṣkŕtas mâ śármaṇi bhuván Sûryasya!
7. Vayám-ca śármaṇi bhūmá Sûryasya!

Hoffnung auf Epiphanie I

॥देवं॑॥ १ ॥bhûs!

Śármaṇi ॥दे॒वस्यं॑॥ २ ॥bhúvam!

॥दे॒वस्यं॑॥ ३ ॥śármaṇi bhūvá, íti āhátur víprau.

Bhúvam, íti âha ॥दे॒वः॥ ४ ॥

॥देवा॑ः॥ ५ ॥bhūtá!

॥दे॒वाः॥ ६ ॥bhuván!

Bhūmá, íti āhúr॥दे॒वाः॥ ७ ॥

Parvan 5

Im Einklang mir der kosmischen Ordnung

1. Der SONNENGOTT wandelt im Einklang mit den Geboten der kosmischen Ordnung.
2. MITRÁ und VÁRUṆA wandeln im Einklang mit der kosmischen Ordnung Geboten.
3. Im Einklang mit der (kosmischen) Ordnung Geboten wandeln die Götter.
4. Die Götter wandeln im Einklang mit den Geboten der Götter.
5. Im Einklang mit den Geboten der Götter will auch *ich* wandeln.
6. *Wir* wollen unter dem Schutzschild der Götter wandeln.
7. Wir wollen den Göttern reichliche Nahrungsmittel geben.

Vom Behüten

1. Die Götter mögen die Seher behüten!
2. „Wir beide wollen die Seher behüten!“, sprechen
MITRÁ und VÁRUṆA.
3. O Götter, behütet mich!
4. Nun, o HIMMEL-UND-ERDE behütet (ihr beide) uns!
5. Nun, o SONNENGOTT, mögest du mich behüten!

Vom Sonnenaufgang

1. Wodurch, o SONNENGOTT, gehst du auf?
2. „Durch die Lobesworte der Seher gehe ich auf“, spricht der SONNENGOTT.

VÁRUṆA und RUDRÁ

Herab in den (Ozean)strom steigt VÁRUṆA, der König.
Nicht will ich von deinem Reichtum, o VÁRUṆA, herabsteigen. Um uns herum möge des RUDRÁ großer Ungedanke gehen!

Im Einklang mit der Götter Geboten

1. Sukŕt ánu vratâni devânām gât.
2. Duṣkŕtas héḷasi gúr Váruṇasya gopás vratânām.
3. Sukŕtas śármaṇi Mitrásya Váruṇasya-ca sthúr.
4. Devébhyas pŕkṣas dâta!
5. Devébhyas pŕkṣas dâma!
6. Duṣkŕtas mâ pâm!, íti âha Sûryas.
7. Sukŕtas pāvá!, íti āhátur Mitrás Váruṇas-ca.

Hoffnung auf Epiphanie II

॥देवं भूः॥ १ ॥

Śármaṇi॥भुवं दे॒वस्यं॥ २ ॥

॥दे॒वस्यं॥śármaṇi॥भूव॥ ३ ॥íti āhátur víprau.

॥भुवंम्॥íti âha॥दे॒वः॥ ४ ॥

॥देवां भूत॥ ५ ॥

॥दे॒वा भुं॑वन्॥६॥

॥दे॒वेभ्यं॑ः॥७॥pŕkṣas dâma!

Vayám śármaṇi॥दे॒वानां॑म्॥८॥gâma!

॥भू॒म॥, íti āhúr॥दे॒वाः॥९॥

Parvan 6

Die Strahlen der Morgenröte

1. Die Strahlen der MORGENRÖTE haben die Kühe herbeigeschafft.
2. O ihr Strahlen der MORGENRÖTE, schafft auch die Sonne herbei!
3. O MITRÁ und o VÁRUṆA, schafft uns Freiheit von Unrecht herbei!

Das Sonnenlicht

1. Wann, o SONNENGOTT, richtest du (dein) Licht auf?
2. „In der Frühe richte ich (mein) Licht auf", spricht der SONNENGOTT.
3. Alle Tage richtet der SONNENGOTT des VÁRUṆA Antlitz auf.

Ein Wort für HIMMEL, ERDE, WASSER

1. Dieses Wort sollen HIMMEL und ERDE erhören!
2. Dieses Wort sollen HIMMEL und ERDE, dieses Wort die WASSER erhören!
3. „Dein Wort erhören wir", sprechen HIMMEL, ERDE und die WASSER.

Eine Verbeugung für ÍNDRA

1. Lasst uns beide eine Verbeugung für ÍNDRA machen!´
2. Wir haben ein Loblied für die Götter gemacht.

Die Türflügel der Gedanken

1. O MORGENRÖTE, *du* hast die Türen unserer Häuser aufgeschlossen!
2. Die Türen der Gedanken haben die Seher aufgeschlossen.
[Türen der Gedanken: Münder]
3. Die beiden Türflügel der Gedanken haben die Seher aufgeschlossen.
[Türflügel der Gedanken: Ober- und Unterlippe]

Eine Verbeugung für RUDRÁ

1. Stómam námas-ca kár Rudrâya!
2. Víprās pŕkṣas â krán Indrâya.
3. Vâcam-te, vípra!, śróva, íti āhátur Mitrás Váruṇas-ca.
4. Úṣasas!, dúras viśâm ví várta.
5. Uṣásas sûryam â krán ánu vratâni ṛtásya!
6. Víprās ánīkam Mitrásya śriyán.
[Antlitz des MITRÁ: die Sonnenscheibe]
7. Gâs tvám â kár?

Das Antlitz des MITRÁ und VÁRUṆA

॥श्रेर्व॑रुण॒ वि वं॑ः॥१॥ánīkam!

Jyótis॥वरुं॑णस्य भूत्॥२॥

॥श्रेव॑॥ánīkam!, íti āhátur Mitrás॥वरु॑णः॥३॥-ca.

Mitrás॥वरु॑णः॥-ca॥वि व॑र्तामृ॒तम्॥४॥

॥अनु॑ व्र॒तानि॒ वरु॑णस्य॥५॥Sûryas gât.

॥दे॒वाः श्र॑वन्॥६॥vâcam mitrâṇām.

Mitrás॥वरु॑णः॥-ca॥व्र॒तानि॑ दे॒वाना॑म्॥७॥púr.

॥अन्वृ॒तं दे॒वाना॑ मि॒त्राः॥८॥gúr.

॥अनु॑ व्र॒तानि॑ दे॒वाना॑म्॥९॥ahám-ca gâm!

Parvan 7

MITRÁ, VÁRUṆA und die Seher

1. Zum Haus des Sehers, o MITRÁ, o VÁRUṆA, wandelt!
2. Das Haus des Sehers ist das Haus des Lebenssaftes der Götter.
3. Dieses, o MITRÁ, o VÁRUṆA, Wort mache ich euch beiden als Lebenssaft.
4. Durch das Opfer reichlicher Nahrung gelangen zur Spur des Wortes die Seher.
5. Als an (eurem) Lebenssaft, o MITRÁ, o VÁRUṆA, ergötzt euch an dem Wort!
6. Behütet mich, o MITRÁ, o VÁRUṆA, vor Schaden und Trug!
7. Der übeltuende Seher nur hört ein Wort, das Milchkuh nicht ist; er wandelt mit einem Wort, das Milchkuh nicht ist.
8. Der Seher Ausgezeichnetheit ist im Wort.

Lob der MARÚT

1. Die MARÚT behüten die Menschengeschlechter hindurch den Sterblichen vor Schaden.
2. Durch lückenlose Geschlossenheit als Verbündeter, o MARÚT, existiert eure Macht.
3. Der MARÚT Macht im Himmel und in den Grenzen der Erde erdenken *wir*.

PARJÁNYA und die Frösche

1. PARJÁNYA, den Herrn der Stimme, lasst uns, zu Leben, herbeischaffen!
2. (Seine) Stimme lässt zu Leben PARJÁNYA fernhin erschallen.
3. Auch die Frösche lassen, von PARJÁNYA belebt, (ihre) Stimme fernhin erschallen.
4. Mit PARJÁNYA als Verbündetem schaffen die Frösche den Regen herbei.
5. PARJÁNYA und die Frösche sind reichlicher Nahrung Herren.

Einkehr des SONNENGOTTES

1. Viśí, Sûrya!, bhûs!, íti âha vípras.
2. Vācí pṛkṣí ná devânām íṣ.
3. Yajñéna pṛkṣás vācás padám gâm.
4. Rudréṇa ná yujâ prá vádanti vâcam víprās.
5. Rudrâya yujé devâya ná pŕkṣam dâma!
6. Kṣamâ ánu vratâni devânām gâm!
7. Pātá-me, dévās!, druhás riṣás-ca!

Das Haus des Sehers

॥वि॒शं॑ विप्र॑स्य मित्र वरुण (Akz.: McDonell S.466b.)॥१॥gâtam!

॥वि॒शि नं॑ः॥Sûrya!,॥भूः॥íti āhúr॥विप्रा॒ ऋषं॑यः॥२॥

॥रु॒द्रेण॒ न॥yujâ॥प्र वं॑दति॒ वाचं॒ विप्रं॑ः॥३॥

॥विड्विप्रं॑स्य॒ विट्॥४॥iṣás devânām.

॥तां वां॑ मित्र वरुण॒ वाचं॑म्॥५॥íṣam ná káram.

Yajñéna pṛkṣáḥ॥वा॒चस्प॒दम्॥gúr॥विप्रां॑ः॥६॥

॥विप्रां॑णाम्॥lakṣmîs॥भू॒द्वा॒चि॥७॥

॥वाचं॑म्॥ádhenum duṣkṛ́t íd॥द्विप्रं॑ः॥śrót; ádhenvā॥वा॒चा॥८॥gât.

Kṣamâ॥विप्रा॒ असुं॑र॒स्यानुं॑ व्र॒तानिं॑ दे॒वानां॑म्॥९॥gâma!

Parvan 8

Die Späher des VÁRUṆA

1. Rings um VÁRUṆA haben (seine) Späher sich niedergesetzt.
2. Rings besehen die Späher des VÁRUṆA Himmel-und-Erde, die beiden wohlgegründeten.
3. Euer beider Späher setzt ihr beide, o MÍTRA, o VÁRUṆA, in Pflanzen, in Häuser.
4. Durch euer beider Späher, o MITRÁ, o VÁRUṆA, behütet ihr beide die Menschenkinder.
5. Auseinander, o MITRÁ, o VÁRUṆA, die beiden Hassmächte schlagt ihr beide!
[die beiden Hassmächte: die beiden KIMĪDÍN (s. Eigennamenverzeichnis)]
6. Die beiden Lebenssäfte, o MITRÁ, o VÁRUṆA, gebt, den himmlischen und den irdischen!
[himmlischer Lebenssaft: Regen; irdischer Lebenssaft: Tau]
7. Herbei den SONNENGOTT haben geschafft MITRÁ und VÁRUṆA – (gemeinsam) mit den verbündeten Sehern.

AGNÍ in den Häusern

1. In den Häusern spannt AGNÍ, der ergötzliche, aus.
2. Zu *dir*, o Gott, in die Häuser wandeln die Sippen.
3. Die Menschenkinder geben dir, o Gott, reichliche Nahrungsmittel.
4. Dem Gott geben Lebenssäfte seit der Vorzeit die Menschenkinder.
5. Den Gott loben rings mit Versen die Menschenkinder.
6. Aus PÚRUṢA, der Opfergabe, sind die Verse aufgestiegen.

Sonnenaufgang

1. Aus der Wasser, o SONNENGOTT, Schoß steigst du herauf.
2. Zugekehrt, o SONNENGOTT, den Häusern der Götter, zugekehrt den Menschenkindern gehst du auf.
3. Die Menschenstämme begeben sich in des SONNENGOTTES, des göttlichen, Schoß.

Die Häuser von Spähern umzingelt

1. Pári víśas-nas, Mítra Váruna!, spáśas-vām sthúr.
2. Yugbhyás devébhyas pṛ́kṣas dâma!
3. Pātám-nas, Mítra Váruṇa!, dviḍbhyás!
4. Yugbhís deváis sûryam â kárma!

5. Uṣásām upásthād úd gât sûryas.
6 Tvâm, Sûrya!, ŕcas-nas gúr!
7. Mitréṇa Váruṇena-ca yugbhyâm ánu vratâni ṛtásya mânuṣās gúr.

Übung zu §211/212/314/351/386/387

âsīnā ūrdhvám < âsīnās ūrdhvám, mitrâ vratânām < mitrâs vratânām, dā váruṇasya < dās Váruṇasya, cáyamānā ṛṇâni < cáyamānās ṛṇâni, vípraḥ. < vípras., víprāḥ. < víprās., ví vaḥ. < ví var., víprā ásurasya < víprās ásurasya, duḥ.<dur., púnaḥ. < púnar., kŕtā ivá < kŕtās ivá, sūnŕtābhiḥ. < sūnŕtābhis., víprā ŕṣayaḥ < víprās ŕṣayaḥ, páreyuḥ. < páreyur., vāyâ áśravam < vāyâs áśravam, śrervaruṇa < śres varuṇa, dádhānā utá < dádhānās utá, viḍbhírṇá (§SLL280) < viḍbhís ná, devâ amŕtāḥ. < devâs amŕtās., druḍbhíráṇu < druḍbhís ánu, bhûrmitra < bhûs mitra, prajâyā upabdír < prajâyās upabdír, mâtrābhirmamiré < mâtrabhis mamiré, áditirme < áditis me, vāyâ íd < vāyâs íd

Parvan 9

An RUDRÁ, MITRÁ, VÁRUṆA, ÍNDRA, die MARÚT

1. Der Welt Vater RUDRÁ will als ersten gedeihen ich lassen durch erhöhende Worte, RUDRÁ bei Tag, RUDRÁ bei Nacht.
2. *Ihr beide*, o MITRÁ, o VÁRUṆA, spannt wie das Ross unters Joch des Himmels Wasser.
3. Zur Gnade wollen wir uns deinen Geist durch erhöhende Worte, o VÁRUṆA, aufbinden.
4. Erhört ihr beide, o MÍTRA, o VÁRUṆA, mein Wort!
5. Dem ÍNDRA erhöhende Worte hervorbringen will ich aus der Tiefe des Ozeans (meines) Herzens.
6. *Du* schlossest, o ÍNDRA, des PÍPRU Wolkenburgen auf.
7. Heran habe ich dir, o ÍNDRA, Lobesworte geschafft.
8. Die MARÚT haben sich die Winde (als) Rosse unter das Joch gespannt.
9. Die MARÚT, o Seher, bring zur Ruhe durch ein Erhöhungslied!

AGNÍ angetrieben durch Worte

1. Den AGNÍ treiben wir an durch Worte, durch erhöhende Worte, durch Verse.
2. *Du*, o Gott, gedeihst durch Erhöhungsgesang.
3. Durch Erhöhungsgesang ja brachten die Götter AGNÍ zur Geburt im Himmel.
4. Auf den ergötzlichen Gott habe ergossen ich meine erhöhenden Worte.

Der aufgehende SONNENGOTT

1. Heraus nun steigt aus dem Ozean die Sonne, die das Ross zieht unter Joche gespannt.
2. *Du*, o Sonne, gehst auf durch diese Lobesworte (als) Rosse.

MITRÁ und VÁRUṆA Inspiratoren

1. Hinein mit euer beider Fackel in die Burgen der Menschenkinder, o MITRÁ, o VÁRUṆA, scheint ihr beide.
2. Worte und Verse ja bringt *ihr beide*, o MITRÁ, o VÁRUṆA, hervor in der Seher Burgen von geistiger Kraft.
3. Aus der Seher Burgen von geistiger Kraft wandelt ein Erhöhungslied zurück zu den beiden Göttern.
4. Diese erhöhenden Worte bringe ich für die beiden Götter hervor, für die beiden Könige seit der Urzeit.

Die rohen Burgen des Ozeans

1. Sthâva samudré!
2. Āmâsu pūrṣú samudrásya hí áva syáti sûryas aktáu.

3. Úpa gíras kárva Sûryāya!
4. Ádha nú úd sthât pūrbhyás samudrásya upásthād apâm sûryas.
5. Sûryas diví bhût.
6. Tâm gíram kárva Sûryāya.
7. Ahám tvám-ca Sûryasya áśvān dhūrṣú áyuñjva.

Übung zu §SLL291/292/361

vâcaṃ yamásya < vâcam yamásya, devânām púr (aber: देवानां पुः) < devânām púr, víśaṃ víbhṛtam < víśam víbhṛtam, samudrám pári (aber: समुद्रं परि) < samudrám pári, bhúvaṃ devásya < bhúvam devásya, ṛtáṃ devânāṃ < ṛtám devânāṃ, yūyám pātá (aber: यूयं पात) < yūyám pātá, pátiṃ ná < pátim ná, pátiṃ vratapâm < pátim vratapâm, vratapâṃ nís < vratapâm nís, mitrâṇām bhadrâṇām (aber: मित्राणां भद्राणाम्) < mitrâṇām, bhadrâṇām, nemíṃ támas < nemím támas, amŕtāṃ nemím < amŕtām nemím, pâśaṃ váruṇas < pâśam váruṇas, dásyuṃ taráṇis < dásyum taráṇis, saṃnáśe < sam-náśe, saṃ náśanta < sám náśanta, vratânām bhuván (aber: व्रतानां भुवन्) < vratânām bhuván, sáṃ rayí < sám rayí, táṃ yéna < tám yéna, ṛtám minâti (aber: ऋतं मिनाति) < ṛtám minâti, śatáṃ rúdra < śatám rúdra, amŕtam mártebhyas (aber: अमृतं मर्तेभ्यः) < amŕtam mártebhyas

Parvan 10

Herab kommt auf meine Opfergabe!

1. Herab kommt auf meine Opfergabe, herab kommt auf meine reichliche Nahrung, o ihr beiden AŚVÍN!
2. Herab komm auf meine reichlichen Nahrungsmittel, herab komm auf meine Lebenssäfte, o ÍNDRA!
3. Durch Worte, durch erhöhende Worte, durch Verse wollen wir zur Gnade des RUDRÁ gelangen.
4. Herab zur Welt sind der Götter Gebote gelangt.
5. Empor zum Versammlungsort der Götter, empor zur Sonne sollen unsere Loblieder gelangen!

Der verschwundene AGNÍ

1. Dem verschwundenen AGNÍ gingen an der Wasser Versammlungsort anhand (seiner) Fußabdrücke die denkmächtigen Priester der Urzeit nach.
2. Seher fanden den Gott; durch Seher, denkmächtige, sind Feuer und Sonne in die Welt gekommen.
3. Durch Seher ist das Feuer in die Häuser der Menschenkinder gelangt.
4. Komm nun, o Sonne, aus der Wasser Versammlungsort, aus den Burgen des Ozeans in die Welt!

Des Wortes Spur

1. gmán: Durch das Opfer reichlicher Nahrung gelangen zu des Wortes Spur die Seher.
2. gán: Zu unseren Häusern, o RUDRÁ, wandle!
3. gatám: Zum Haus des Sehers, o MITRÁ, o VÁRUṆA, wandelt!
4. gmán: Zu *dir*, o SONNENGOTT, sollen unsere Verse gelangen!

Das irdene Haus
1. Wahrlich nicht, o VÁRUṆA, will in das aus Erde gebaute Haus *ich* gelangen.
[aus Erde/Lehm gebautes Haus: Urne]
2. Wahrlich nicht, o VÁRUṆA, darf in das aus Erde gebaute Haus dein Seher, der denkmächtige, gelangen.

Empor zum Versammlungsort der Götter
1. Â sadhástham devânām â sûryam gíras-me gmán!
2. Â-nas gr̥hâs, Mítra Váruṇa!, gatám-u!
3. Prātár sûryas úd sthât sadhásthād apâm bhût-ca diví.
4. Gât-u sûryas sadhásthe dhîrais víprais.
5. Vratáis devânām dákṣeṇa víprāṇām bhúvanam śúci.
6. Doṣâm sûryas â gán púras samudrásya ánu vratâni r̥tásya.
7. Gán-u áśvān naṣṭân ánu padáis!

Herab kommt auf meine reichliche Nahrung!
॥आ ग॑तं मे॒ पृक्ष॑म्॥१॥Áśvinau!

॥आ ग॑न्मे॒ पृक्ष॒ आ मे॑ ग॒निष॑मिन्द्र॥२॥

॥गनु॑॥sûrya!,॥पू॒र्भ्यः॑ स॑मु॒द्रस्य॒ भुव॑ने॥३॥

॥आ सूर्य॒ं स्तोमा॑ ग्मन्॥४॥

॥पृ॒ग्भिर्वा॒चस्प॒दं ग॑मम्॥५॥

॥वि॒शं विप्र॑स्य मित्र वरुण गातम्॥६॥

॥गि॒रा॥mr̥ḷīkám॥वरु॑णस्य गन्म॥७॥

॥मा व॑रुण मृ॒न्मय॑म्॥gr̥hám॥विप्र॑स्ते गन्॥८॥

॥दक्षे॑ण॒ विप्रा॑णा॒ं भुव॑न॒ं शुचि॑॥९॥

Parvan 11

Zehnmal hundert Strahlen der MORGENRÖTE
1. Lichtvolles wollen mit Ohren wir hören, o Götter, Lichtvolles wollen wir sehen mit Augen.
2. Zehnmal hundert Strahlen der MORGENRÖTE treten gemeinsam hervor: Der Götter herrlichstes Lichtwunder sehe ich.
3. Des SONNENGOTTES Licht wirst *du* nun sehen.
4. Mit goldenem Wagen fährt empor nun der SONNENGOTT; der Gott besieht die Wesenheiten.
5. Der das große Licht hervorbringt, *dir* wollen *wir* (als) Lebende entgegensehen, o SONNENGOTT!)
6. AGNÍ ist Rufer der Götter und Opfergusspriester, erster, seht ihn! Er ist das Licht, das unsterbliche, unter den Sterblichen.
7. Sobald wahrlich AGNÍ gesetzt hatten in den Himmel die Götter (als) SONNENGOTT, da sogleich begannen die Wesen alle zu sehen.

8. Nicht den SONNENGOTT, o ihr Übeltäter, werdet ihr sehen, der diese Wesen hier hervorgebracht hat.
9. Die Umlaufbahn der Sonne am Himmel, o ihr Sterblichen, seht ihr alle nicht.

MITRÁ und VÁRUṆA auf der Sonne

1. MITRÁ und VÁRUṆA, die beide vom Himmel aus die Sterblichen sehen, haben sich niedergesetzt auf der Sonne.
2. MITRÁ und VÁRUṆA, zwei Unbetörbare, zwei zu betören Suchende, sehen im Inneren der Sterblichen die verdrehten (Gedanken) und die geraden.
3. Nicht *ich*, o VÁRUṆA, will wegen einer von einem anderen getanen Verschuldung Buße schmecken.
4. Du wirst (als) Sündenbeladener (obwohl ein Sündenbeladener) nicht Buße schmecken.
5. Wegen unserer Verschuldungen werden wir Buße schmecken: Das Licht des SONNENGOTTES werden wir nicht (mehr) sehen.
6. Ihr seid nicht im Einklang mit den Geboten des VÁRUṆA gewandelt; darum schmeckt ihr nun Buße.

Der tanzende Seher

1. Der Seher tanzt der Sonne entgegen.
2. Wir beide wollen um das Feuer herumtanzen.
3. Zum Urquell tanzen die MARÚT; sie schaffen die Wasser herbei.
4. O Götter, ihr tanztet im Urquell und schafftet tanzend die Welt herbei.

Das Geheimnis des Atems

Wer den Atem hervorgebracht hat, der nimmt nicht Kenntnis von ihm, wer den Atem gewahrt hat, (ist) getrennt nun wahrlich von ihm.

Bei Nacht

1. Aktáu jyótis Sûryasya ná dṛśmá.
2. Agním pári nṛtmá – téna sûryas úd gât, íti āhúr víprās viśâm.
3. Sûryas nú jyótis śrét. Nṛttá sûryam práti!
4. Ráthe Sûryasya, yás áśvān dhūrṣú yuktá, sthâtam nú!, Mítra Váruṇa!
5. Devâs víśve, yâs sám sûryeṇa úd gúr, drúham dvíṣam-ca vikṣú mânuṣāṇām dṛśúr.
6. Devébhyas pṛ́kṣas gíras-ca ná dâs; téna bhók.
7. Mártas, yás ná ánu vratâni ṛtásya gât, sás bhók.

Der Sonne entgegen

॥सू॑र्यस्य॒ ज्योति॒स्त्वं द॒ग्र्यः सूर्यं॒ प्रति॒ नर्त्॥१॥

॥दे॒वा हि नृ॒तुरुत्से॒ नृत्यंन्तो॒ भुवंनमा॒ क्रन्॥२॥

॥ज्योतिंः प्रा॒तर्यः कु॒स्त्वां व॒यं जी॒वाः प्रतिं दृश्म सूर्य॥३॥

॥मि॒त्रो वरुंणश्च॒॥yáu॥दि॒वो मर्ता॑न्॥dṛṣṭâṃ॥नि सेंदतु॒ः सूर्ये॑॥४॥

॥मि॒त्रो वरुंणश्च॒॥dípsantau ádabdhau॥मर्ते॑ष्व॒न्तः॥dṛṣṭâm॥वृ॒जि॒नोत॥५॥sādhûni.

॥य॒दे॒दग्निम्॥dhâtām॥दि॒वि॥deváu॥सूर्य॒मादित्॥prá॥दृशु॒र्भुवंनानि॒ विश्वां॥६॥

Parvan 12

Die MARÚT, in Gewitterwolken gekleidet

1. Gemeinsam kleiden in Gewittergewölk sich die Berge.
2. In Gewitterwolken kleidet auch ihr euch, o ihr MARÚT, zu Leben kraft (eures) wirkmächtigen Denkens.
3. Die Winde, eure Rosse, o ihr MARÚT, spannt euch unter das Joch, den Wagen spannt euch ein zum Prunkzug!
4. Spannt euch *ihr beide*, o MÍTRA, o VÁRUṆA, o ihr beiden Götter, des Himmels Wirkkraft, die Wasser, wie das Rind unters Joch!
5. Es spannen sich ein den Geist und spannen sich ein die Gedanken durch ihre geistige Kraft die Seher, die denkmächtigen.

Die MORGENRÖTE, in Licht gekleidet

1. Die Tochter des HIMMELS, die MORGENRÖTE, hat sich in Licht gekleidet in gleicher Weise wie immer.
2. Der SONNENGOTT kleidet sich in Licht, sobald ihn die MORGENRÖTE geboren hat.
3. Die Vögel gebären auf Bäumen, Stute und Kuh gebären auf der Erde (in den Grenzen der Erde), den SONNENGOTT hat geboren die MORGENRÖTE im Himmel, auf der Umlaufbahn der Götter.
4. Eingespannt hat sich die sieben reinen Stuten der SONNENGOTT; mit ihnen steigt er nun heraus aus dem Ozean.
5. Auch VÁRUṆA soll sich kleiden in (seine) goldene Prachtgewandung – die Sonne!
6. MORGENRÖTE und ERDE gebaren die sieben Seher, die ersten, in der Urzeit; o Mutter MORGENRÖTE, gebäre nun uns als die sieben Seher, die ersten!

Der SONNENGOTT, in Licht gekleidet

1. Agnís utá Sûryas vásātām jyótis.
2. Víprās dhîrās â krán jyótis, yád Sûryas vásta, yad-â gáus tám Uṣâs sûta.
3. Yad-â ahám tvám-ca víprau manīṣâm yujváhi, Sûryasya áśvās bhuván.
4. Áśvās Sûryasya devânām sadhásthe sthúr, yád mártās ná dṛśúr.
5. Párvatās!, kadâ védhvam abhréṇa?
6. Vásmahi abhrám, yad-â Mitrás utá Váruṇas abhrâṇi vásātām, íti āhúr párvatās.
7. Úṣas gáus Pŕthivi gáus!, asmân mártān súvāthām.

Die Berge in Gewittergewölk gekleidet

॥सम॒भ्रेणं वसत॒ पर्व॑ताः॥१॥

॥अ॒भ्राणिं वेध्वं यू॒यं चं मरुत॒ः सु मा॒ययां॥२॥

॥वातांन्मरुतो॒ अश्वांन्वो धु॒रि युंग्ध्व॒ं रथं॑ युग्ध्वं शु॒भे॥३॥

॥यु॒जाथां॑ यु॒वं मिंत्र वरुण देवौ दि॒वो दक्षंम॒पो गां न धु॒रि॥४॥

॥युजंत मनी॒षामु॒त युंजत॒ धियो॒ दक्षेंण॒ विप्राः॥५॥

Parvan 13

Nicht uns töte RUDRÁ!

1. Nicht uns töte, o RUDRÁ, nicht uns gib dahin!
2. Nicht unsere Mannen soll RUDRÁ töten!

3. Nicht uns sollen der Pfeil des RUDRÁ, nicht uns die Keule des Índra töten!
4. Nicht uns, o RUDRÁ, mit dem Pfeil, nicht uns, o ÍNDRA, mit der Keule raubt das Leben!
5. Seid gnädig uns, o ihr MARÚT, nicht tötet uns, nicht gebt (uns) dahin!
6. Nicht uns, o VÁRUṆA, das Leben raub, nicht unserer Mannen Leben raub!

VṚTRÁ von ÍNDRA getötet

1. Als fußloser, handloser schlug VṚTRÁ den ÍNDRA.
2. Da sogleich tratest den großen VṚTRÁ *du* nieder mit dem Fuß, o ÍNDRA!
3. Sobald den VṚTRÁ, o ÍNDRA, mit der Keule du getötet hattest, da sogleich ging die Sonne am Himmel auf.
4. Sobald der SONNENGOTT sein Licht aufgerichtet hatte, schritten dem Versammlungsort der Götter die Menschenkinder entgegen mit Lobliedern und erhöhenden Worten.

Die Wasser des MITRÁ und VÁRUṆA

1. In welchen VÁRUṆA steht, *die* Wasser sollen *mich* erquicken!
2. Mit eurem Lebenssaft, o MITRÁ, o VÁRUṆA, erquickt uns!
3. Welchen/Wen auf der Erde MITRÁ und VÁRUṆA erquicken wollen, für den (kommod.Dat.) kleidet sich der HIMMEL in Gewittergewölk.
4. Erregt, o MITRÁ, o VÁRUṆA, unsere Gedanken!
5. Welches Wort eines Sehers wahrhaftseiend ist, das wahrlich erwecken MITRÁ und VÁRUṆA zu Leben.
6. Alles das ist lichtvoll, was zu Leben erwecken die Götter.

Die drei Schritte des VIṢṆÚ

1. Drei Schritte schreitet VIṢṆÚ aus, der Gott.
2. Mit nur drei Schritten schreitet VÍŚṆÚ diese lange Umlaufbahn der Götter aus.
3. Den höchsten Fußabdruck des VIṢṆÚ, der im Schoß des Himmels wandelt, besehen immer alle Wesenheiten.

RUDRÁ der Gnädige

1. Mâ-vas vádhiṣam mâ-vas párā dâm, íti âha Rudrás.
2. Vīrân-vas druhás riṣás-ca pâm, yad-â stómam śrávam, íti âha Rudrás.
3. Vájras vīrám vádhīt, yás ná ánu vratâni Váruṇasya gât, íti âha Índras.
4. Ní krámīs, Índra!, Vṛtrám! Ât íd párvatas vásta abhréṇa, íti āhúr mártās.
5. Índram pṛgbhís utá vāgbhís iḍbhís ná áviṣva, yad-â âpas divás kṣámi gmán.
6. Rudrám-ca yajñáis áviṣma!
7. Duṣkŕtas vīrâs áśvam-nas móṣiṣur; padâni áśvasya ánu ganmá.

Übung zu §SLL289/290/362

yáṃ kṣamâ (ṅ) < yám kṣamâ, sûryaṃ stómā (ṅ) < sûryam stómā, yūyáṃ ca (ñ) < yūyám ca, dhâṃ samudrásya (ṅ) < dhâm samudrásya, devânāṃ gâm (ṅ) < devânām gâm, câruṃ suhávam (ṅ) < cârum suhávam, vāṃ cákṣus (ñ) < vām cákṣus, ketúṃ citrám (ñ) < ketúm citrám, vayáṃ jīvâs (ñ) < vayám jīvâs, agníṃ sūktébhis (ṅ) < agním sūktébhis, divâṃ kṛṇváta (ṅ) < divâm kṛṇváta, sûryaṃ janáyan (ñ) < sûryam janáyan, agníṃ jātávedasam (ñ) < agním jātávedasam, yugdhváṃ śubhé (ṅ) < yugdhvám śubhé, mṛnmáyaṃ gṛhám (ṅ) < mṛnmáyam gṛhám, vâcaṃ śṛṇutâm (ṅ) < vâcam śṛṇutâm, táṃ karmâ (ṅ) < tám karmâ, gâṃ śurúdhos (ṅ) < gâm śurúdhos, padáṃ gamam (ṅ) < padám gamam, ráthaṃ savitâ (ṅ) < rátham savitâ, padáṃ gúr (ṅ) < padám gúr, sisṛtáṃ jīváse (ñ) < sisṛtám jīváse, mitráṃ huve (ṅ) < mitrám huve

Parvan 14

Ein Dichterwort für AGNÍ

1. Lasst uns dem AGNÍ zu Leben ein Dichterwort aus dem Herzen schaffen!
2. Durch diese Schmelzbutter verschaffen wir *dir*, o AGNÍ, ein Opfer, durch dieses Dichterwort, das mit dem Herzen wir geschaffen haben: Es soll dir Bullen sein.
3. „Die Schmelzbutter (ist) mir Auge, Unsterblichkeitsspeise mir im Mund", spricht AGNÍ.
4. Die in dich, o AGNÍ, hineingegossene Schmelzbutter verzehren durch deinen Mund die Götter.
5. *Dich*, o AGNÍ, haben MITRÁ und VÁRUṆA zu (ihrem) Mund, *dich* zu (ihrer) Zunge gemacht, o Seher!

MITRÁ und VÁRUṆA auf dem Sonnenwagen

1. Sobald sich MITRÁ und VÁRUṆA auf die Sonne als (ihrem) Wagen begeben haben, bringen Seher, verschiedenenorts seiende, das Licht der Dichterworte hervor aus (ihrem) Mund.
2. *Ihr beide* ja, o MITRÁ, o VÁRUṆA, schließt im Herzen (lok.Instr.) des Sehers die Gedanken auf.
3. Dieses Dichterwort zu Leben will *dir*, o VÁRUṆA, dieses Dichterwort zu Leben *dir*, o MÍTRA, aufs Herz wahrlich *ich* legen.
4. Zwei Unbetrügbare seid ihr, o MÍTRA, o VÁRUṆA, in (euren beiden) Herzen.
5. In die Herzen hat geistige Kraft VÁRUṆA, in die Wasser Feuer, in den Himmel die Sonne gesetzt.

Ein Loblied dem RUDRÁ

1. Welches Loblied werden dem RUDRÁ wir herbeischaffen (als) wohltuendstes (seinem) Herzen?
2. Wohlfahrt und Segensfülle des RUDRÁ will *ich* herbeischaffen.
3. RUDRÁ soll Wohlbefinden verschaffen unserem Ross, dem Schafbock, den Mannen, der Kuh!
4. Welche Wohlfahrt und Segensfülle MÁNUS durch das Opfer für RUDRÁ verschafft hat den Menschenkindern, *die* Wohlfahrt und Segensfülle wollen wir unseren Mannen verschaffen.

Erhöhende Worte dem ÍNDRA

1. Dem ÍNDRA erhöhende Worte hervorbringen will ich aus der Tiefe des Ozeans (meines) Herzens.
2. (Euer) Vertrauen setzt auf ÍNDRA!
3. „Auf ÍNDRA setzen (unser) Vertrauen wir beide", sprechen Vater und Sohn.
4. Der Opferherr soll (sein) Vertrauen auf *uns* setzen!

Das Dichterwort als Schmelzbutter

1. Sás mántras, Ágne!, yás úd gán āsás-me, ghṛtám-te pŕkṣas-ca bhût; hṛdé-te íd tám kárma.
2. Tvám, Ágne!, mâm vípram-te kár.
3. Hṛdás gmán gíras-me mántrās-me dákṣasya.
4. Kár, Ágne!, śám asmábhyam yós gṛhâya-nas gáve-ca-nas!
5. Śám yós-ca ánu gmán mânuṣān, yad-â stómam vípras dhîras túbhyam íd hṛdí dhât.
6. Túbhyam íd Agnáye śráth dhâma.
7. Stómas-te ŕk-te íd ghṛtám-me āsí, íti âha Agnís.

Die Sonne aus dem Versammlungsort der Wasser steigend

॥प्रा॒तः सूर्य॒ उत्थिंतः स॒धस्थां॒दपां भूंच्च॒ नु दि॒वि॥१॥

॥वरुंणस्य दू॒तो गंन्ध॒र्वो नाकें स्थात्॥pratyáṅ víprān॥आयुंधेः॥२॥

॥विष्णोंः पर॒मं प॒दं दि॒वि दृंशुः सू॒रयंः॥३॥

॥सूर्यो॑ य॒दा ज्योति॒ श्रेत्स॒धस्थं॑ दे॒वानां॒ प्रति॑ मानु॒षा॒ स्तोमैः॒ क्र॑मिषुः॥४॥

॥शं योश्वानु॑ ग॒तां मानु॑षान्म॒न्त्रं य॒दा विप्रो॑ दे॒वाय॒ धादि॒द्धृदि॑॥५॥

Parvan 15

Entstehung von Himmel und Erde
Woraus wurde der Himmel, woraus wurde die Erde? Aus dem Haupt des PÚRUṢA wurde der Himmel, die Erde aus den beiden Füßen des PÚRUṢA.

AGNÍ Sohn der unteren Wasser
1. Als erster Keim befand sich jenseits wahrlich der Götter AGNÍ.
2. Welchen Götter nicht sahen, welchen Sterbliche nicht sahen, den schafften die Wasser wahrlich, (seine) Mütter, (als) Sohn herbei.
3. Welcher aus (ihrem) Schoß herausgestiegen ist, den belecken als Leibesfrucht, den behüten als Sohn die Wasser.
4. AGNÍ leuchtet *uns* in den Wassern, AGNÍ leuchtet *uns* aus den Wassern.

Heilmittel in den Wassern
1. In den Wassern (ist) AGNÍ, in den Wassern (ist) das Unsterbliche, in den Wassern (ist) Heilmittel.
2. O ihr Wasser, gebt (euer) Heilmittel (als) Schutz für meinen Leib!
3. In welchen Wassern AGNÍ (ist), *die* Wasser sollen mich durch (ihre) Heilmittel zu Leben erwecken.
4. Eben jetzt sollen der Wasser Heilmittel *mich* zu Leben erwecken!

VṚTRÁ von ÍNDRA getötet
Getötet hat den VṚTRÁ ÍNDRA mit der Keule. Die Wasser, die wahrlich VṚTRÁ, junge Frauen, rings bestiegen hatte, zu deren Füßen befindet er sich nun.

AGNÍ Geliebter der oberen Wasser
1. Eben jetzt hat sich AGNÍ (als) Sonne auf die Umlaufbahn der Götter begeben; die Wasser des Himmels umstehen, die Wasser des Himmels umwandeln, die Wasser des Himmels umfliegen ihn, junge Frauen.
2. Für (ihren) Sohn schaffen Schmelzbutter, für (ihren) Geliebten reichliche Nahrungsmittel die Wasser herbei, sobald er sich auf die Umlaufbahn begeben hat.
3. Der Wasser Sohn steigt auf den Schoß wahrlich der Wasser des Himmels, junger Frauen.
4. Mit des Himmels, o MITRÁ, o VÁRUṆA, Wassern besprengt uns (ihr beide)!

Die befußte Sonne
1. Einen weiten Pfad wahrlich hat König VÁRUṆA der Sonne gemacht zum Entlanggehen. Der fußlosen Sonne ja hat zwei Füße VÁRUṆA gemacht.
2. Alles andre geht heim zum Schlafen, was sich regt; alle Tage steigen die Wasser auf, alle Tage geht auf die Sonne.

Spannt ein euch des Himmels Wirkkraft!
1. Yujâthām yuvám, Mítra Váruṇa dévau!, divás dákṣam apás gâm ná dhurí!
2. Índram pr̥gbhís utá vāgbhís iḍbhís ná áviṣva, yad-â âpas divás kṣámi gmán.
3. Hr̥tsú dákṣam Váruṇas apsú agním diví sûryam dhât.
4. Úṣasas!, dúras gr̥hâṇām ví várta.
5. Ví dvârau maṇīṣâṇām vrán víprās.

6. Gán-u, Sûrya!, apâm sadhásthād pūrbhyás samudrásya bhúvane!
7. Ádha nú úd sthât pūrbhyás samudrásya upásthād apâm sûryas.

Gemeinsam mit den Göttern

॥यु॒ग्भि॒र्दे॒वैः सू॒र्य॒मा क॑र्म॥१॥

॥उ॒ष॒सः सू॒र्य॒मा॥kran॥अनु॑ व्र॒तानि॑ ऋ॒तस्य॑॥२॥

॥नू स्था॑त्पू॒र्भ्यः स॑मु॒द्रस्यो॒पस्था॑द॒पां सूर्य॑ः॥३॥

॥त्वं सू॑र्य॒ ते स्तोमै॒रश्वै॒र्नो॑द्ग्रा॑ः॥४॥

॥उ॒रुमु॒ पन्था॒॑ राजा॒ वरु॑णः क॒ः सूर्या॒यान्वे॑त॒वै कश्चा॒पदे॒ सूर्या॑य॒ पादौ॒ वरु॑णः॥५॥

Parvan 16

Der Himmel, mein Vater

1. Vor zu euch beiden, vor zu Himmel und Erde wollen wir erhöhende Worte schaffen.
2. Der Himmel (ist) mein Vater, der (mich nährende) Nabel, meine Mutter, die Erde.
3. Süß sollen uns sein die Himmelinnen, die Wasser, süß soll uns sein der Zwischenraum!
4. Süßes soll der Himmel uns sein, der Vater!
5. Gemeinsam mit den (anderen) Göttern, o HIMMEL (und) o ERDE, erquickt uns vor (anderen)!
6. Die Erde sollen erquicken die Regengötter, den Himmel sollen erquicken die (Opfer)feuer!
7. Herab soll der Stier brüllen, der HIMMEL, zur ERDE!

Himmel und Erde auseinandergestemmt

1. ÍNDRA hat durch (seine) Lebenskräfte Erde und Himmel auseinandergestemmt.
2. Des Himmels, des Stieres, Zwischenraum stütztest *du*.
3. Den Zwischenraum durchwandelt, den sehr weiten, ÍNDRA.
4. *Du*, o ÍNDRA, (bist) die Sonne zur Geburt bringend, den Himmel, die MORGENRÖTE, die Göttin.
5. ÍNDRA (ist) des Himmels, ÍNDRA Herr der Erde, ÍNDRA der Wasser, ÍNDRA wahrlich der Berge.
6. Für ÍNDRA behüten die Himmelinnen, die Pflanzen und die Wasser (ihren) Reichtum, die Bäume.

Erde, Himmelin, Zwischenraum

1. AGNÍ bringt durch (sein) Licht die Erde und diese Himmelin, die Göttin, hervor, den Zwischenraum.
2. Durch AGNÍ (sind) die Himmelin, die gewaltige, und die Erde, die Mutter, befestigt.
3. AGNÍ hat die Erde befestigt und die Himmelin: Welchem Gott dürfen mit Opfer wir dienen?
4. *Du* (bist) Herr über das, was wahrlich alles in der Himmelin, und was ein Schatz, der auf der Erde.

MITRÁ und VÁRUṆA Stiere

1. MITRÁ und VÁRUṆA (sind) Stiere, des Himmels Herren (und) der Erde.
2. Fest umfasst haltet ihr beide Erde und Himmel, o MITRÁ, o ihr beiden Könige, o VÁRUṆA, durch (eure) Lebenskräfte.
3. Die drei Schichten der Erde halten fest umfasst die beiden Herren und die drei Schichten des Himmels (die drei Himmel), die drei Gebote (sind fest) in (ihrer) Sehergewalt.

Vater Himmel, Mutter Erde

1. Dyáus pitâ-vas, pṛthivî mātâ-vas.
2. Divâ vṛṣabhéṇa pṛthivî mātâ ávīt!
3. Agnís śácībhis utá dákṣais dívam utá pṛthivîm â kár.
4. Sûryas antárikṣe divás utá pṛthivyâs gât.
5. Mitráu Váruṇau pátī bhúvanasya.
6. Áditis dyáus Áditis antárikṣam Áditis mātâ sâ pitâ sâ putrás.
7. Stómas mânuṣāṇām pṛthivyâs dyávi sthât.

Übung zu §SLL381/384/385

jātávedāḥ śrótu (auch jātávedā śrótu §SLL195) < jātávedās śrótu, kaḥ sûryāya < kar sûryāya, tátaḥ samudrás < tátas samudrás, rudráḥ śám < rudrás śám, púnaḥ sám < púnar sám, devâḥ śravan < devâs śravan, vípra(ḥ) śrót < vípras śrót, jyóti(ḥ) śráyam < jyótis śráyam, dṛśuḥ sūráyas < dṛśur sūráyas, naḥ śárus < nas śárus, ásataḥ sát < ásatas sát, puḥ sadhástham < pur sadhástham, marutaḥ sú < marutas sú, deváiḥ sûryam < deváis sûryam, śurúdhaḥ sûdais < śurúdhas sûdais, sedatuḥ sûrye < sedatur sûrye, sukŕtaḥ śármaṇi < sukŕtas śármaṇi, pūrbhyáḥ samudrásya < pūrbhyás samudrásya, naḥ syātam < nas syātam, pitúḥ sûras < pitúr sûras

Parvan 17

Die MORGENRÖTE die Wesen weckend

1. Die MORGENRÖTE hat geweckt die Wesen alle.
2. O MORGENRÖTE, indem die Menschenkinder, die ins Feuer hinein den Göttern Schmelzbutter gießen, du geweckt hast, dadurch hast vor den Göttern du getan ein lichtvolles Werk.
3. Aus der MORGENRÖTEN Schoß geht auf die Sonne.
4. Zugekehrt, o Sonne, den Häusern der Götter, zugekehrt den Menschenkindern allen gehst du auf.

Begießt AGNÍ!

1. Begießt AGNÍ, den rasch dahineilenden Boten, den uralten, mit Schmelzbutter!
2. In diesen AGNÍ gossen auch die Väter, Götter, Schmelzbutter alle hinein.
3. AGNÍ, der zur Zeit des Abenddunkels alle Wesenheiten ausgießt, unser Vater, der begibt sich eben jetzt in die Strahlen des SONNENGOTTES.
4. Den Urquell AGNÍ, den Vater der Worte, o HIMMEL (und) o ERDE, fahrt in den Lichtraum!
5. „Durch HIMMEL und ERDE gehe ich auf", spricht AGNÍ als SONNENGOTT.
6. Zu eines jeden ja Gehorsam lässt der Gott SAVITÁR, der emporgewachsene, hervor die beiden Arme fließen.
7. In die Nacht setzten das Dunkel die Väter, das Licht in den Tag.

O HIMMEL und o ERDE, führt uns zu Leben!

1. O HIMMEL (und o ERDE), führt uns, die Seher, zu Leben, die euch beide herbeigeschafft wir haben!
2. O Söhne der ÁDITI, haltet fern uns vom Bangen!
3. Haltet fern den (Todes)pfeil von uns, o Söhne der ÁDITI!
4. Als die PŔŚNI zur Mutter habende, als des HIMMELS Söhne kommt zu uns! Auch *uns* nun, o ihr MARÚT, setzt in Unsterblichkeit!
5. Fahren soll uns ÁDITI, die Könige zu Söhnen hat, über Hassmächte hinaus!

6. Heute, o Götter, führt uns bei Aufgang der Sonne aus Bedrängnis!
7. Möge uns die Opfergabe hinüberfahren über das Bangen hinaus zu Segen!

Nicht uns töte, o RUDRÁ

1. RUDRÁ als verbündetem Gott lasst uns reichliche Nahrung geben!
2. Nicht uns, o RÚDRA, halte von der Sonne gemeinsamem Sehen fern!
3. Nicht uns töte, o RUDRÁ, nicht uns gib dahin!
4. „Ich werde euch nicht töten, ich werde euch nicht dahingeben!", spricht RUDRÁ.
5. Um uns herum soll des RUDRÁ großer Ungedanke gehen!
6. (Euer) Vertrauen setzt auf RUDRÁ!

Ins Feuer gießt Schmelzbutter dem MITRÁ!

1. In dieses Feuer hinein gießt dem MITRÁ diese Schmelzbutter!
2. Hervor uns, o MITRÁ (und) o VÁRUṆA, die beiden Arme lasst fließen zu Leben uns, die kuherquickende Weide besprengt uns mit Schmelzbutter!
3. Die beiden Lebenssäfte, o MITRÁ, o VÁRUṆA, gebt, den himmlischen und den irdischen!
4. Worte und Verse bringt hevor, o MÍTRA (und) o VÁRUṆA, in der Seher Burgen von geistiger Kraft!
5. Weckt, o MITRÁ (und) o VÁRUṆA, die REICHLICHSPENDERINNEN!
6. Diese erhöhenden Worte habe ich für die beiden Götter hervorgebracht, den beiden Königen seit der Urzeit.

SAVITÁR und die MORGENRÖTE die Sterblichen weckend

1. Savitâ utá Uṣâs jigrtâm mártān víśvān.
2. Agním pitáram sûryasya juhávam ghṛténa.
3. Pipṛtám-nas, Mítrau Váruṇau!, áti drúhas!
4. Mânuṣeṣu, Mítrau Váruṇau!, dhattám śám utá yós!
5. Mâ ahám yuyávam-vas sûryād, íti âha Rudrás.
6. Yé pátayas víśvasya bhúvanasya bhūtá, piprtá yūyám-nas ádha nú énasas!, dévās!
7. Mātâ-me ahám-ca tásmin gṛhé ánu vratâni devânām jígāva.

SAVITÁR und die MORGENRÖTE die Sterblichen weckend

1. Savitâ utá Uṣâs jigṛtâm mártān víśvān.
2. Agním pitáram Sûryasya juhávam ghṛténa.
3. Pipṛtám-nas, Mítrau Váruṇau!, áti drúhas!
4. Mânuṣeṣu, Mítrau Váruṇau!, dhattám śám utá yós!
5. Mâ ahám yuyávam-vas sûryād, íti âha Rudrás.
6. Yé pátayas víśvasya bhúvanasya bhūtá, pipṛtá yūyám-nas ádha nú énasas!, dévās!
7. Mātâ-me ahám-ca tásmin gṛhé ánu vratâni devânām jígāva.

O ihr MARÚT, kommt her zu uns!

॥पृश्नि॑मातरो मरुत॒ आ नो॑ जिगात॒नोदि॑तौ॒ सूर्य॑स्य॥१॥

॥जिगा॑च्च पि॒ता वो॒ विशो॑ नो रु॒द्रो रु॒द्रं च॑ य॒ज्ञैर॑विष्म॥२॥

॥विड्विप्रं॑स्य॒ विळि॒षो अ॒मृतां॑नाम्॥३॥

॥मा नो॑ वधी रु॒द्रो॒ मा न॒ः परा॑ दाः॥४॥

॥मा वो॑ वधिषं॒ मा व॒ः परा॑ दा॒मित्या॑ह रु॒द्रः॥५॥

॥वी॒रान्वो॑ द्रु॒हो रि॒षश्च॑ पां य॒दा स्तोमाँ॒ इशो॒ अश्वं॑व॒मित्यां॑ह रु॒द्रः॥६॥

॥अ॒मृ॒त॒त्व इ॒द्यूयं म॑रुतो ध॒त्तना॒स्मान्॥७॥

Parvan 18

ÍNDRA den Finsternisfels aufschlagend

1. Auf schlugst du, o ÍNDRA, den Finsternisfels, herbei die Kühe, o ÍNDRA, schafftest du gemeinsam mit (deinen) Verbündeten, den Sehern.
2. Den Priestern der Urzeit schlossest die Kuhhürde du auf, o ÍNDRA!
3. Es spannen nun ein die Seher des SONNENGOTTES Ross, das um die Wesenheiten wird wandeln.
4. „Wir spannen die beiden Rosse an des SONNENGOTTES Wagen", sprechen die Seher des ÍNDRA.
5. „ÍNDRA und *ich*, wir haben die Wesenheiten alle uns hervorgebracht durch die Sonne", spricht der Seher des ÍNDRA.
6. Des SAVITÁR beide Arme, die goldenen, haben des Himmels Enden erreicht.
7. Euer beider weites will ich erlangen, (euer beider) furchtabwehrendes Licht, o ÍNDRA, o SAVITÁR!

Das furchtabwehrende Licht

1. Höre uns, o AGNÍ, höre uns, o Rufer der Götter und Opfergusspriester, unbetrügbarer!
2. O AGNÍ, schließe nun auf den Himmel durch (dein) Licht!
3. Wir wollen das furchtabwehrende Licht erlangen.
4. Lichtvolles wollen mit Ohren wir hören, o Götter, Lichtvolles wollen wir sehen mit Augen!
5. Nun sollen die Menschenkinder an die Ziele (ihres) Strebens gehen, (ihre) Werke tun!
6. Für die ganze Welt haben den AGNÍ die Götter zum Erleuchter der Tage sich gemacht.

Der mächtiggeborene VÁRUṆA

1. Erhören soll unsere Worte der mächtiggeborene VÁRUṆA!
2. VÁRUṆA schließt im Herzen den Gedanken auf; welche Worte aus dem Herzen quellen, verschafft VÁRUṆA.
3. Mit (seinem) Schlauch soll VÁRUṆA, der ganzen Welt Herr, wässern die Erde!
4. Spannt *ihr beide*, o MÍTRA (und) o VÁRUṆA, des Himmels Wirkkraft wie das Rind unters Joch, die Wasser!
5. An gesonderten Ort die Hassmacht schafft, o MITRÁ (und o VÁRUṆA)!
6. Dieses, o MITRÁ, o VÁRUṆA, Wort mache ich euch als Lebenssaft und reichliche Nahrung, o ihr beiden Götter!
7. Dieses mein Wort sollen die beiden Götter erhören!
8. „Wir haben dein Wort erhört", sprechen die beiden Götter.

Die MARÚT wässernd die Welt

1. Dieses Wort sollen uns HIMMEL (und) ERDE gemeinsam mit den WASSERN, mit ÍNDRA hören, dieses (Wort) sollen uns hören die MARÚT!
2. Wer vermag eure herrlichen Eigenschaften zu erlangen, wer (eure) Seherkräfte, o ihr MARÚT, wer (eure) Mannenkräfte?
3. Mit der Radschiene (ihrer) Wagen spalten die MARÚT die Gewitterwolken des PARJÁNYA.
4. Mit den Wassern wässert diese Welt, o ihr MARÚT!

Der AŚVÍN Verjüngungskraft

1. Hört mich, o ihr beiden AŚVÍN! *Ich* will euch beide herbeischaffen.
2. *Ihr beide*, o ihr beiden AŚVÍN, machtet des Sehers, der ans Greisenalter gekommen war, des KALÍ Kraft wieder jugendlich.
3. Und Wohlfahrt und Segensfülle verschafft auch *uns*, o ihr beiden AŚVÍN!
4. Und welche Wohlfahrt und Segensfülle MÁNUS sich erlangt hat, (unser) Vater, die wollen wir uns erlangen
5. „Auch deine Kraft, o Seher, werden jugendlich wir beide machen", sprechen die beiden AŚVÍN.

Segen spendende Kühe

Ihr, o Kühe, macht gesegnet unser Haus!

ÍNDRA die Rosse spannend an des Sonnengottes Wagen

1. Vípras Índrasya yunák áśvau Sûryasya ráthe.
2. Índras utá vípras kṛṇutâm víśvāni bhúvanāni.
3. Śṛṇván-nas vâcas Marútas Parjányena!, ví ūrṇót kárṇau Rudrás!
4. Parjányena abhrám â kṛṇmáhi!
5. Bhinttá, Márutas!, abhrám!, unát, Párjanya!, kṣâmam!
6. Máyas, Rúdra!, kṛṇós asmábhyam!
7. Śṛṇvá-vas vâcas, íti āhátur Parjányas utá Rudrás. Śṛṇmá-vas hŕdayāni, íti āhúr Marútas.

Das Feuer im Wasser

॥अ॒ग्निं वरु॑णो॒ ऽप्सु दि॒वि सूर्यं॑ हृ॒त्सु दक्षं॑ धात्॥१॥

॥अ॒ग्नये॒ सु मन्त्रं॑ हृ॒दः क॑र्म॥२॥

॥अ॒ग्निः पि॒ता नो॑ दो॒षां यो विश्वा॑नि॒ भुव॑नानि जु॒होत्सो अधा॒र्चींषि॒ सूर्य॑स्य स्थात्॥३॥

॥सूर्यो॒ नाग्निर्दि॒वो ऽन्तरि॑क्ष उ॒त पृ॑थि॒व्या गा॑त्॥४॥

॥आपो॑ दि॒वः परि॑ स्थु॒रापो॑ दि॒वः परि॑ गु॒रापो॑ दि॒वः परि॑ दीयन्ति वृष॒भं योषाः॑॥५॥

॥विश्व॑स्मा अ॒ग्निं भुव॑नाय दे॒वाः के॒तुं दि॒वां कृ॑ण्वत॥६॥

Parvan 19

Euer Vertrauen setzt auf ÍNDRA

1. Den Himmel stützt ÍNDRA, (euer) Vertrauen setzt auf ihn!
2. Auseinandergestemmt hast du, o ÍNDRA, die Erde, den Himmel!
3. Du tötetest den VṚTRÁ, o ÍNDRA, mit der Keule rissest du (ihn) auseinander, zerbrachst des Herren der WASSER Burgen, ließest dahinsausen die sieben Ströme.
4. Erfüllt hat Himmel (und Erde) ÍNDRA mit Licht und erfüllt den Zwischenraum, die fünf Götter, die sieben (und) sieben Seher.
5. *Dich*, o ÍNDRA, erwählen sich alle Götter nun, den hoch oben dahinwandenden, wahrlich.
6. Auch *ihr*, o Sterbliche, erwählt euch nun ÍNDRA, der eben jetzt den Himmel aufschließt durch (sein) Licht.

Die MARÚT losreißend den Waldesherrn

1. Sobald ausgefahren ihr, o ihr MARÚT, mit (euren) Wägen, werden losgerissen die Bäume, wird losgerissen der Waldesherr.

2. Die Wasser, die eure Heilmittel, o ihr MARÚT, die MÁNUS sich erwählte, unser Vater, die und Wohlfahrt und Segensfülle des RUDRÁ erwähle ich mir.
3. *Wir* erwählen uns deine Erquickung nur, o RUDRÁ!
4. So, o RUDRÁ sei, dass du nicht zürnst, nicht tötest!
5. Das Leben wirkende Geistesgewirken wahrlich des RUDRÁ erwählen wir beide uns, *ich* und (mein) Sohn.

Dem MITRÁ verhilf zu Lebenskraft!

1. Die beide *dich*, den Seher, mit geistiger Kraft gefüllt haben, dem MITRÁ verhilf zu Lebenskraft, dem VÁRUṆA!
2. Füllt, o MITRÁ (und) o VÁRUṆA, die Welt mit Wassern!
3. O ihr Wasser, spendet reichlich (euer) Heilmittel als Schutz für meinen Leib!
4. Des SONNENGOTTES Licht wahrlich vermögen dahinschwinden zu machen MITRÁ (und) VÁRUṆA durch des HIMMELS Wasser.

AGNÍ und ÍNDRA zürnend

1. Was zürnt *uns*, o AGNÍ, o ÍNDRA, ihr beide?
2. Die Menschenkinder nur, o AGNÍ, töte, die dahinschwinden machen des VÁRUṆA Gebote, des MITRÁ, die feststehenden!
3. *Du* auch, o ÍNDRA, zerbrich die Verdrehtheiten (derer), die des MITRÁ, des VÁRUṆA Gebote dahinschwinden machen!
4. Zerbrecht, o ÍNDRA (und) o SÓMA, alle Übeltäter!
5. Keiner soll die Gebote des Gottes VÁRUṆA antasten!
6. *Ihr* nur, o Götter, macht des MITRÁ, des VÁRUṆA Gebote nicht dahinschwinden, die feststehenden.
7. Darum, o Gott VÁRUṆA, töte, wenn auch deinen Willen wir antasten, nicht uns, Sterbliche!

HIMMEL und ERDE auseinandergestemmt

1. Kásya dákṣeṇa, Dyáus Ṕṛthivi!, ví stabhnâthām?, íti āhúr mânuṣās.
2. Ví stabhnīváhi dákṣais Índrasya utá víprāṇām tásya, íti āhátur Dyáus utá Pṛthivî.
3. Kásya vájreṇa, Vṛ́tra!, ví riṇīthâs? Kásya padâ púras-te śṛṇáta? Kás riṇât apás divás?
4. Índrasya vájreṇa ví riṇí, tásya padâ púras-me śṛṇáta, sás riṇât apás divás, íti âha Vṛtrás.
5. Kadâ hṛṇâtām-me Mitráu Váruṇau, íti âha vípras.
6. Hṛṇīváhi-te, vípra!, yad-â minâs vratâni-nas, íti āhátur Mitráu Váruṇau.
7. Yás pṛṇât, sás íd devéṣu gāt.
8. Pṛṇâm, íti âha bhadrás vípras.

Übung zu §SLL272/352/353/382

váruṇo apsú (váruṇo 'psú) < váruṇas apsú, nṛ́tyanto bhúvanam < nṛ́tyantas bhúvanam, iṣó amṛ́tānām (iṣó 'mṛ́tānām) < iṣás amṛ́tānām, mânuṣāḥ kramiṣur < mânuṣās kramiṣur, divó antáriksa (divó 'ntáriksa) < divás antáriksa, mitró váruṇas < mitrás váruṇas, divó mártān < divás mártān, dhībhíḥ kṣatrám < dhībhís kṣatrám, samudró arṇavás (samudró 'rṇavás) < samudrás arṇavás, vṛ́ṣṇo ásurasya (vṛ́ṣṇó 'surasya [Akzentverschiebung!]) < vṛ́ṣṇas ásurasya, dhíyo dákṣeṇa < dhíyas dákṣeṇa, vípro vâcam < vípras vâcam, dūtó gandharvás < dūtás gandharvás, só ádhā (só 'dhā) < sás ádhā, nâbhiḥ paramâ (nâbhisparamâ) < nâbhis paramâ, dípsanto ádabdhāsas (dípsantó 'dabdhāsas [Akzentverschiebung]) < dípsantas ádabdhāsas, vidúṣkavís < vidús kavís, diváspári < divás pári, áśmanaspári < áśmanas pári, víṣṇoḥ kármāṇi (víṣṇoṣkármāṇi) < víṣṇos kármāṇi, apó gâm < apás gâm

Parvan 20

Der Blitz des RUDRÁ

1. Dein Blitz, o RUDRÁ, der vom Himmel kommt, wandelt (dahin) in den Grenzen der Erde unter den Menschenkindern.
2. Nicht uns, o des Blitzes Herr, mit dem Blitz spalte, nicht uns halte von der Sonne gemeinsamem Sehen fern!
3. Gib, o Vater der MARÚT, Leben wirkendes Denken *uns*!

Wer seid ihr, o Herren?

1. Wer (Welche) seid ihr, o Herren, die ihr (als) lichtvolle einer nach dem anderen herbeigekommen seid aus der Ferne?
2. Die MARÚT sind wir, des RUDRÁ Söhne; unsere Rosse haben wir uns eingespannt, herbei nun die Winde, die Blitze werden wir schaffen.
3. Und welcher Blitz steigt als der Blitze herrlichster auf der MARÚT Wägen?
4. Als unter den Blitzen herrlichste begibt sich in goldene Prachtgewandung gehüllt zu den MARÚT RODASÎ.
5. Alle MARÚT sollen den Sterblichen vor Schaden behüten!
6. Durch die MARÚT wollen wir erlangen Wohlfahrt und Segensfülle.
7. Ein Loblied haben wir nun gemacht für die MARÚT und RODASÎ.

Höre uns, o AGNÍ!

1. Höre uns, o AGNÍ, höre uns o Rufer der Götter und Opfergusspriester, unbetrügbarer, der in des Lichtes Prachtgewandung du dich kleidest!
2. Wie lichtvolle Schmelzbutter der Kuh, die Sterbliche nicht töten sollen, (ist) dein ganzes Aussehen, o AGNÍ!
3. Eben jetzt wollen wir, o AGNÍ, die wir zum gemeinsamen Anblick von dir, der auf der Erde du erschienen bist, gekommen sind (als) Seher, dein Antlitz, die Sonne, sehen am Himmel.
4. *Dich*, den unbetrügbaren, haben unbetrügbare wiedergefunden, die Priester der Urzeit, *dich*, der in die Wasser als Löwe du dich begeben hattest.
5. *Dich*, der in die Wasser als Löwe du dich hattest begeben, schaffte MĀTARÍŚVAN aus den Wassern herbei zu den Menschenkindern, MĀTARÍŚVAN von den Göttern auf die Erde.
6. Welchen Opferguss in dich, o AGNÍ, wir gegossenen, sollen durch deinen Mund alle Götter, die unbetrügbaren, verzehren!

VÁRUṆA, HIMMEL und Erde

1. Der in die goldene Prachtgewandung des SONNENGOTTES sich kleidet, VÁRUṆA soll den Opferguss verzehren durch den Mund des AGNÍ, der in den Wassern war, der in der Ferne wandelte.
2. Verzehren sollen den Opferguss MITRÁ (und VÁRUṆA), die beiden Germeinsamkönige, des Himmels beide Herren, der Erde, die beide die Gebote behüten, die beiden unbetrügbaren Götter!
3. HIMMEL (und) ERDE, die beiden Götter (Göttinnen), die die Gebote des VÁRUṆA nicht antasten, sollen gemeinsam mit den (anderen) Göttern, den unbetrügbaren, herbei sich begeben, die beiden unbetrügbaren!
[die beiden Göttinnen: anders als im Deutschen kann ein männliches unter ein weibliches Substantiv subsumiert werden §Sy11; allerdings ist der Himmel zugleich auch weibliche Gottheit, HIMMELIN]
4. Wandeln will ich in beiden Kraftströmen: Im Kraftstrom der HIMMELIN, im Kraftstrom der ERDE.

Kraftstrom des oberen Feuers, Kraftstrom des unteren Feuers

1. Â devâs sthúr Marútas parāvátas!, víśvās yé drúhas víśvās yé dvíṣas yuyávur mânuṣebhyas.
2. Divás apás dattá-me pṛthivyái adrúhe!, Márutas!
3. Śurúdbhyām bhuván devâs utá mártās: śurúdhā agnés diví śurúdhā agnés pṛthivyâm.
4. Ásurasya śurúdhas bhuván pūrvîs.
5. Nirṇígbhyām vásta Sûryas: nirṇíjā jyótiṣas dívā nirṇíjā támasas aktáu.
6. Mâ śûne bhūmá Sûryasya saṃdŕśi.
7. Mâ śûne bhúvam gávām Índrasya samrâjas saṃdŕśi Mitrásya Váruṇasya saṃdŕśi samrâjos!

Der HIMMELSFEUCHTE fußloser Sohn

॥अ॒पाद्धं॑ व॒धी॒द्दानोः॑ पु॒त्र ऋ॒ष्वमिन्द्रं॑ वृ॒त्रो नंदी॒वृदंह॒स्त ए॒ष वज्रं॑बाहुं॑ वधीत्॥१॥

॥इन्द्रं॑स्य॒ वज्रे॑ण॒ वि रिंणि॒ तस्यं॑ प॒दा पुरों॑ मे श्रृणत॒ स रिंणा॒दपो॑ दि॒व इत्यां॑ह वृ॒त्रः॥२॥

॥विप्र॒ इन्द्रं॑स्य॒ धीरों॑ यु॒न॒गश्वौ॒ र॒थे सूर्य॑स्य॒ वज्रं॑बाहुर्वृ॒त्रं वंधी॒देष दि॒वाम॒पो अंतृणत्॥३॥

॥इन्द्रो॒ ऽहं च॒ भुवं॑नानि॒ विश्वां॑नि कृण्वहि॒ सूर्ये॒णेत्यां॑ह॒ विप्र॒ इन्द्रं॑स्य॥४॥

॥इन्द्रों॑ दि॒व इन्द्रः॒ पतिंः॑ पृथि॒व्या इन्द्रों॑ अ॒पां स इत्पर्व॑तानाम्॥५॥

॥इन्द्रां॑य॒ द्याव॒ ओषं॑धीरु॒तापों॑ र॒यिं पु॒र्वनां॑नि॥६॥

Parvan 21

AGNÍ das Rind

1. Herbei ist gekommen das Rind, AGNÍ, der aufgehen wird zu Leben den Zweifüßigen, den Vierfüßigen (als) Sonnenlicht.
2. Wann nun werden für uns die Kühe, Göttinnen der Unsterblichkeitsspeise, aufgehen mit des Sonnenlichts Farbe?
3. Des AGNÍ, des Hengstes, Geburt ist auf der Erde, und seine Geburt ist im Lichtraum des Himmels.
4. Sobald der SONNENGOTT (sein) Licht aufgerichtet hat, wollen die Geburt des AGNÍ wir verkünden, die Geburt des Vaters des Sonnenlichts.
5. Zugekehrt, o SONNENGOTT, den Häusern der unsterblichen Götter, zugekehrt den Menschenkindern gehst du auf, zugekehrt dem Zweifüßigen, dem Vierfüßigen, auf dass sie das Sonnenlicht sehen.
6. Alles Zweifüßige, alles Vierfüßige schreitet zu Leben, eben jetzt, der Sonne entgegen.
7. Alles setzt sein Vertrauen auf das Sonnenlicht, Sterbliche und Unsterbliche.
8. Die Sonne wandelt in den Grenzen des Himmels: Der fußlosen ja hat zwei Füße gemacht VÁRUṆA.
9. In den Grenzen der Erde wahrlich, der fußlosen, wandeln die Zweifüßigen gemeinsam mit den Vierfüßigen.
10. Nicht, wahrlich, zu Leben, soll, o Götter, das Sonnenlicht herabfallen vom Himmel auf die Erde!
11. Wohlfahrt sei den Zweifüßigen, den Vierfüßigen unter des AGNÍ Sonnenlicht!
12. AGNÍ (ist) Herr über das Zweifüßige, das Vierfüßige.
13. „Der Sonne Licht will ich euch nicht rauben“, spricht des Sonnenlichts Herr.

Zweifüßige und Vierfüßige

1. Stier und Kuh (sind) vierfüßig, auch die Stute (ist) vierfüßig, zweifüßig (sind) nur die Menschenkinder.
2. Aus zweifüßigen Wesen werden zweifüßige geboren, vierfüßige aus vierfüßigen.
3. Der zweifüßige Mann soll der vierfüßigen Kuh nicht rauben das Leben!

Die Sonne im Lichtraum des Himmels

1. Sûryas bhût, yad-â jánima Agnés súar divás.
2. Apât sûryas gât dyávi apâm sadhásthe.
3. Kás súar dhât? Áṅgirasas súar dhúr amŕtam dyâm víśvam âyus.
4. Padâni cátuṣpadyās gós dvipât vīrás ánu gán.
5. Cátuṣpāt pât gṛhám-nas.
6. Cátuṣpadā áśvān gâs pāmá!
7. Devás vidyútas asmábhyam utá cátuṣpadbhyas-nas âyus mâ móṣīt!
8. Śám dádāt dvipáde cátuṣpade Rudrás!

Der Blitz des RUDRÁ

॥वि॒द्युत्ते॑ रुद्र॒ द्योर्या गन्पृ॑थि॒व्या मानु॑षे॒ष्विद्गा॑त्॥१॥

॥मा नो॑ विद्युतस्पते वि॒द्युता॑ भिन॒न्मा न॒ः सूर्य॑स्य स॒ंदृशो॑ युयोः॥२॥

॥दे॒वो वि॒द्युतो॑ अ॒स्मभ्य॒मायु॒र्मा मो॑षीदे॒ष आयु॒र्मा मो॑षी॒च्चतु॑ष्पद्भ्यो नः॥३॥

॥शं द॑दा॒त्स द्वि॒पदे॒ चतु॑ष्पदे॥४॥

॥ए॒वा रु॑द्र भू॒र्यथा॒ न हृ॑णी॒था न वधीः॑॥५॥

॥सु॒म॒तिमिद्रु॒द्रस्य॑ वृणीव॒ह्यह॒मु॒तपु॒त्रः॥६॥

Parvan 22

Die NACHT behütend bei Nacht

1. Die Seher fragen: „Welche der Unsterblichen haben bei Nacht uns behütet auf der Erde Rücken?"
2. „*Ich* habe bei Nacht euch behütet", spricht die NACHT.
3. „Wir (beide) haben euch, die Seher, behütet bei Nacht auf der Erde Rücken", sprechen MITRÁ (und) VÁRUṆA.
4. Lebenssäfte, o MITRÁ, o VÁRUṆA, wollen wir geben euch beiden durch den Mund des AGNÍ und reichliche Nahrungsmittel, die ihr auf der Sonne steigt zu des Himmelsgewölbes Scheitel.

Die MORGENRÖTE als Stute

1. Wie eine Stute, eine feuerfarbenprächtige, feuerfarbene, ist die Mutter der Kühe erschienen, die MORGENRÖTE, die beiden AŚVÍN sind erschienen.
2. Dies herrlichste Licht der Lichter ist herbeigekommen, das feuerfarbenprächtige Erleuchten ist in unsere Häuser gelangt.
3. Auf das Himmelsgewölbe, auf des Himmels Rücken, in den geordneten Weltraum sind die Kühe gelangt, die Strahlen der MORGENRÖTE.
4. Der Götter Antlitz, das Auge des MITRÁ, o AGNÍ, o MORGENRÖTE, ihr beide habt (es) hervorgebracht, das feuerfarbene Rind.
5. In zwei Göttern, o Rind, bist du gewesen.

Das feuerfarbenprächtige Antlitz der Götter

1. Das feuerfarbenprächtige Antlitz der Götter ist aufgegangen, das Auge des MITRÁ, des VÁRUṆA, des AGNÍ.
2. Die feuerfarbenen Stuten des SONNENGOTTES, die feuerfarbenen, die feuerfarbenprächtigen, haben des Himmels Rücken bestiegen, sind in des Himmels Lichtraum gelangt.

Des VÁRUṆA Bote GANDHARVÁ

Des VÁRUṆA Bote GANDHARVÁ hat sich auf das Himmelsgewölbe gestellt – zugekehrt den Sehern, zusammen mit seinen feuerfarbenprächtigen Waffen.

Der Schutzschild des AGNÍ

Wie in Schatten aus Sonnenglut sind gegangen unter den Schutzschild dein *wir*, o AGNÍ, dessen Antlitz, das feuerfarbene, *uns* erschienen ist.

Der NACHT Wagen hat bestiegen SAVITÁR

1. Der NACHT Wagen hat bestiegen SAVITÁR, der feuerfarbenprächtige.
2. Der Trugmächte, Hassmächte fernhält, tritt hervor, dem Loblieder wir verschaffen wollen, der Gott, Abend für Abend.
3. Im Einklang mit dem Gebot des SAVITÁR, o NACHT, bist du herbeigekommen, im Einklang mit den Geboten des MITRÁ (und) des VÁRUṆA, der beiden Götter.
4. Mitten im Machen habt ihr niedergelegt (eure) Gedichte, o ihr Denkmächtigen!
5. Den gewaltigsten Anteil (der Abendmahlzeit) hat die Mutter dem Sohn gegeben.

Übung zu §SLL211/213/350

réta ṛtám < rétas ṛtám, sá dvibándhus < sás dvibándhus, divá índras < divás índras, sá kakṣîvantam < sás kakṣîvantam, máruta â < márutas â, râjabhya ṛtaníbhyas < râjabhyas ṛtaníbhyas, dyâva óṣadhīr < dyâvas óṣadhīr, purá ṛtós < purás ṛtós, sá riṇād < sás riṇād, sujánimāna ṛṣve < sujánimānas ṛṣve, eṣá divâm < eṣás divâm, sá gṛṇānás < sás gṛṇānás, sá cetayan < sás cetayan, pŕkṣa âyus < pŕkṣas âyus, putrá ṛṣvám < putrás ṛṣvám, sûrya útthitas < sûryas útthitas, vípra índrasya < vípras índrasya, sá dhartâ < sás dhartâ, eṣá ahastás < eṣás ahastás, sá íd (séd) < sás íd, sá hyás < sás hyás

SAVITÁR sich emporrichtend

1. Saṃdŕśi ánīkasya Râtryās jyótiṣām Râtryās saṃdŕśi ápātām-me pitâ Dyáus utá mātâ Pṛthivî.
2. Ábhuvan nú gâvas áruṣīs devîs dyós pṛṣṭhé; ánu tâs gât citrás gáus, yám yuvám, Ágne Úṣas!, ádhātam.
3. Pūrbhyás samudrásya, pútra Agnés!, apâm upásthād apâm sadhásthād úd ásthās ánīkam ná Váruṇasya.
4. Saptá áśvās yují áruṣīs divás â pṛṣṭhám ásthām ádhi nâke ásthām ṛté nú gâm súar-u divás Sûryas ábhuvam, íti âha citráyos deváyos putrás.
5. Úd ásthāt Savitâ nâkam práti devás â ágāt pátis ṛtásya.
6. Úd ásthur víśvāni bhúvanāni ánu vratám devásya, úd ásthām ahám-ca; devásya hí ánīkam aruṣám dárṣam.
7. Yajñám-u ádām ahám citrâya devâya.

Parvan 23

Das Licht der MORGENRÖTE

1. (Dein) Licht, o MORGENRÖTE, feuerfarbene, schaffe herbei, (deine) Lichtflut, (deine) Kraftströme, o junge Frau, feuerfarbenprächtige, richte auf! Besteige des Himmelsgewölbes Rücken, das geordnete Weltall! Dieses mein Wort höre!

2. „Dein Wort habe ich erhört, (mein) Licht habe ich herbeigeschafft, (meine) Lichtflut, (meine) Kraftströme habe ich aufgerichtet, bestiegen habe ich des Himmelsgewölbes Rücken, das geordnete Weltall", spricht die MORGENRÖTE.
3. Die MORGENRÖTE, die lichtvolle, hat (ihr) Licht weithin wahrlich aufgerichtet heute.
4. (Euer) Licht, o MORGENRÖTE, o SONNENGOTT, schafft herbei, (eure) Waffe, o MORGENRÖTE, o SONNENGOTT, richtet auf! Diese meine erhöhenden Worte hört!
5. „Dein Wort haben wir beide erhört, (unser) Licht haben wir beide herbeigeschafft, (unsere) Waffe haben wir beide aufgerichtet, aufgeschlossen die Türen eurer Häuser haben wir beide", sprechen die beiden feuerfarbenen Götter.
6. Die MORGENRÖTE, die feuerfarbene, und der SONNENGOTT, der feuerfarbenprächtige, haben (ihr) Licht weithin wahrlich aufgerichtet heute.
7. „Aufgeschlossen hast du, o MORGENRÖTE, mit dem Licht das Dunkel", sprechen die Seher, die denkmächtigen.
8. Empor, o SONNENGOTT, hast (dein) Licht du gerichtet, empor das Geschlecht der Menschenkinder.
9. Mit (eurer) Lichtflut, o ihr beiden Götter, weckt alle Wesen ihr beide, zweifüßige und vierfüßige.
10. Zu euch beiden, o ihr beiden Götter (Göttinnen) des Himmels, ihr lichtvollen, habe ein Loblied ich geschafft, aufgeschlossen habe ich der Gedanken beide Türflügel.
11. „Deine erhöhenden Worte haben wir beide erhört", sprechen die beiden Götter (Göttinnen), die feuerfarbenprächtigen.

Hört uns, o MITRÁ (und) o VÁRUṆA

1. Hört uns, o MITRÁ (und) o VÁRUṆA, hört uns, o ihr beiden Unsterblichen, die durch wirkmächtiges Denken die Welt ihr hervorbringt.
2. Dieses mein Wort, o VÁRUṆA, höre und heute sei gnädig!
3. Dies Loblied zu Leben: Dir, o VÁRUṆA, ins Herz will ich (es) legen wahrlich.
4. Wer hat auf dich, o VÁRUṆA, wie auf einen Fels deine Gebote gestützt, die unerschütterlichen?
5. Welche Unsterblichen haben in dich alle Seherkräfte gefügt wie ins Rad die Nabe (gefügt ist)?
6. Euer beider wirkmächtiges Denken, o ihr beiden Gemeinsamkönige, euer beider geistige Kraft ist in den Himmel gestiegen: Die Sonne, das Licht wandelt (als) feuerfarbenprächtige Waffe.
7. Euer beider feuerfarbenprächtige Waffe, der Blitz, kleidet sich in Gewittergewölk, in Regen im Himmel.
8. Regen verschaffen den Menschenkindern, den zweifüßigen, der Kuh, der vierfüßigen, die beiden Gemeinsamkönige weithin.
9. Zu euch beiden, o ihr beiden Herren des Sonnenlichts, o ihr beiden Herren des Blitzes, o ihr beiden Herren des Regens, haben wir ein Dichterwort (als) Kraftstrom geschafft.

Die MORGENRÖTE die Türen aufschließend

1. Tvám, Úṣas cítre!, ví dúras gr̥hâṇām-nas âvar jyótiṣā.
2. Jyótis aruṣám, yéna vásthās nirṇíjā ná, yóṣe!, âyudham-te; téna-nas dvipádas utá cátuṣpadas gâs-nas pâs adyâ!
3. Tvám, Sûrya!, amátim áśres śurúdham â ákar súar urviyâ.
4. Amátim, pútra Ágnes!, práti áganma, gíras-ca túbhyam āsás ásthur.
5. Sûryas utá Uṣâs devî bhadré, yé ádhi nâkasya pr̥ṣṭhé ásthātām, áśrotām vâcas víprāṇām yós-ca ákran dhîrebhyas.
6. Māyáyā dákṣeṇa-vām, Mítrau Váruṇau!, sú vr̥ṣṭím â ákartam parāvátas úpa dvipád jánima mânuṣāṇām.
7. Mántram, ádruhau vŕ̥ṣabhau!, hr̥dí-vām áśrayam. Śrótam!

ÍNDRA aufschlagend den Finsternisfels

॥भि॒नद॒द्रि॑ त्वमि॑न्द्र॒ वि गो॒त्रमु॑र्णुथा॒ आ कृ॑णुथा॒ गा अ॒र्ची॑षि॑ च॒ सूर्य॑स्य॥१॥

॥आ द्यावौ॑ पृणा॒दिन्द्रो॒ ज्योति॑षा पृणादु॒तान्तरि॑क्ष॒ पश्च॑ दे॒वान्स॒प्तस॑प्त॒ विप्रा॑न्॥२॥

॥उद॑स्थादु सवि॒ता नाक॒॑ प्रति॑ दे॒व आग॒त्पति॑र्ऋ॒तस्य॑॥३॥

॥विश्व॑स्य॒ हि श्रु॒ष्टये॑ दे॒वः स॑वि॒तोर्ध्वः प्र बा॒हू सि॑सर्॥४॥

॥उ॒षा उ॒तेन्द्र॑ उ॒त स॑वि॒ता जि॑ग्र॒न्मर्ता॒न्विश्वा॑न्॥५॥

॥शृ॒ण्व वि॑प्र॒ वाच॑स्त॒ इत्या॑हतु॒रिन्द्र॑ उ॒त स॑वि॒ता शृ॒ण्व धी॑रा वो॒ हृद॑या॒नीत्या॑हतुश्च॥६॥

Parvan 24

MORGENRÖTE und Schwester NACHT

1. In die Ferne wahrlich (ihre) Schwester, die NACHT, hat geschafft die MORGENRÖTE, die Göttin, durch die Kraft (ihrer) Lichtflut.
2. In (ihre) Strahlen, die goldenen, in (ihre) feuerfarbene Prachtgewandung hat sich gekleidet des HIMMELS Tochter in gleicher Weise wie immer.
3. Hervorgeholt aus der Ferne hat die Fackel, die goldene, die die Zweifüßigen, Vierfüßigen sehen, der Kühe Mutter, der NACHT Schwester.
4. *Du*, o junge Frau, hast die Türen unserer Häuser dir aufgeschlossen; aus den Häusern *dir* entgegen wandeln die Männer.
5. Das Dichterwort, das ich mir erlangt habe, habe ich *dir*, o Tochter der NACHT, o Schwester des HIMMELS, aufs Herz gelegt.

Der SONNENGOTT gekleidet in Sonnenlicht

1. In Sonnenlicht kleidet sich der SONNENGOTT, sobald geboren (ihn) hat zu Leben die MORGENRÖTE, die junge Frau.
2. Die Vögel gebären auf Bäumen, Stute und Kuh gebären auf der Erde, den SONNENGOTT hat geboren die MORGENRÖTE im Himmel, auf der Umlaufbahn der Götter.
3. Eingespannt hast du dir die sieben goldenen Stuten, o SONNENGOTT; mit ihnen bist du aus des Ozeans Burgen gestiegen.

Wir sieben Seher

1. Sobald *wir*, sieben Seher, das Denken uns einspannten, begaben sich des SONNENGOTTS sieben Stuten in den Schoß des Himmelsgewölbes.
2. Die Sterbliche nicht sehen, o goldene Stuten, zur Umlaufbahn der Götter habt ihr euch begeben.
3. Des SONNENGOTTES Fackel, der Götter Versammlungsort hat sich gestellt auf des Himmels Fährte in gleicher Weise wie immer; die Strahlen der Fackel haben sich auseinandergestellt.
4. *Wir*, sieben Seher, denkmächtige, haben die Lichtflut uns herbeigeschafft, in die der SONNENGOTT sich gekleidet.
5. Das Geschlecht der Sterblichen habt ihr geboren, o SONNENGOTT, o MORGENRÖTE, aufs Neue heute auf dem Rücken der Erde.

Die Winde Rosse der MARÚT

1. Die Winde, die ihr euch erlangt habt, eure Rosse, o ihr MARÚT, spannt euch unter das Joch, (euren) Wagen spannt euch ein zum Prunkzug!

2. Spannt euch *ihr beide*, o MÍTRA, o VÁRUṆA, o ihr beiden Götter, des HIMMELS Wirkkraft, die Wasser, wie das Rind unters Joch!
3. Durch (ihre) Kräfte haben die Winde, die Wasser (und) die Blitze die MARÚT sich verschafft.
4. In Gewittergewölk haben sich gekleidet die Berge, in Gewitterwolken habt gekleidet auch *ihr* euch, o ihr MARÚT, zu Leben kraft (eures) wirkmächtigen Denkens.
5. Wir spannen uns ein den Geist, wir spannen uns ein Gedanken durch (unsere) geistige Kraft, Seher, denkmächtige.
6. Diese Lobesworte, die aus meinem Mund ich hervorgebracht habe: VÁRUṆA und die MARÚT haben zu Leben (sie) sich erlangt.
7. Der Winde, der Wasser, der Blitze Göttern wurden reichliche Nahrung und Lebenssaft gegeben durch Seher.

Die schwarze Prachtgewandung der Nacht

1. Kṛṣṇâm nirṇíjam vási pratidoṣám, íti âha Râtrī svásā Uṣásas.
2. Kás Sûryam ásūta, dívā yás raśmîn śrét hiraṇyáyān? Agnís utá Uṣâs pitáram bhúvanasya ásuvātām-u.
3. Ádha nú saptá-te áśvās hiraṇyáyīs, víprās yâs áyujata, sadhásthād apâm ásthiran, ádha nú raśmáyas ketós ví ásthiran víprāṇām táviṣyā, Sûrya!
4. Ádimahi citrám ketúm Uṣásas, Sûryam ádhimahi nâke, bhúvanam súar âṣṭa, íti āhúr saptá víprās.
5. Ví ávri dvârau manīṣâṇām ákri gíras-vām, mâtar Sûryasya pútra Úṣasas!

Der Morgenröte feuerfarbenes Licht

॥ज्योतिंरुषो अरु॒ष्या कं॑र॒मतिं शु॒रुधों योषे चित्रे श्रेः॥१॥

॥हि॒र॒ण्ययाँ॑ अवस्त र॒श्मीँररुंषीं नि॒र्णिजं॑ दि॒वो दुंहि॒ता संम॒ना॥२॥

॥वाचं॑ ते अश्रव॒ं ज्योति॒राकंरम॒मतिं॑ शु॒रुधों अश्रय॒मास्थां॒ नाकंस्य पृ॒ष्ठमृ॒तमित्यांहो॒षाः॥३॥

॥वयंः सुवत वृ॒क्षेष्वश्वो॒त गौः सुंवातां क्ष॒मा सूर्य॑मसूतो॒षा द्यविं स॒धस्थें दे॒वानांम्॥४॥

॥सूर्य॑ उतो॒षा दे॒वी भ॒द्रे ये नाकंस्य पृ॒ष्ठे अ॒ध्यस्थांतामश्रोतां॒ वाचो॒ विप्रांणां॒ योश्चांकर्तां॒ धीरेंभ्यः॥५॥

Parvan 25

Das herrlichste Licht der Lichter

1. Die du füllst die Welt mit (deiner) Lichtflut, o MORGENRÖTE, hast aufgeschlossen mit Licht das Dunkel.
2. Dies herrlichste Licht der Lichter ist herbeigekommen, feuerfarbenprächtiges Erleuchten.
3. Hin den Himmel breitest du mit (deinen) Strahlen, hin den Zwischenraum, den freudespendenden, o MORGENRÖTE, mit lichtvoller Flamme.

AGNÍ aufschließend das Dunkel

1. AGNÍ, der herbeigeschafft der MORGENRÖTE Flammen, schließt nun das Dunkel auf mit (seinem) Strahl.
2. Verschiedenenorts stellt sich in die Häuser zu jeglichem Lebensalter der Strahl des AGNÍ.
3. Er (ist) Rufer der Götter und Opfergusspriester, erster – seht ihn! Er (ist) das Licht, das unsterbliche, bei den Sterblichen.
4. Den Opferguss, den nichtalternden, lasst uns in AGNÍ gießen, der im geordneten Weltall wandeln wird als Sonne!
5. In den AGNÍ sollen Mutter und Tochter zwei Opfergüsse ausgießen!

6. Den in dich, o AGNÍ, hineingegossenen Opferguss erlangen sich alle unsterblichen, unbetrügbaren Götter durch (deinen) Mund.
7. Als Sonne durchmesse den Zwischenraum *ich*, Opferguss bin ich, AGNÍ mit Namen.
8. AGNÍ erwärmt mit (seinem) Strahl die Erde, den Himmel durch (seine) Macht.
9. AGNÍ als SONNENGOTT gießt zusammen mit (seinen) Flammen alle diese Wesenheiten Abend für Abend aus, unser Vater. Herauf schreitet das Dunkel aus dem Licht.
10. *Dir*, o AGNÍ, haben als Opferguss Verse, mit dem Herzen gebildete, wir verschafft: Sie sollen dir sein Stiere!

Das furchtabwehrende Licht

1. „Das furchtabwehrende Licht wollen wir uns erlangen", sprechen die Seher.
2. Mit welchem, o SONNENGOTT, Licht du das Dunkel vertreibst, mit dem schaff von uns Unheilsmacht hinweg!
3. Wir wollen sehen des SONNENGOTTES Umlaufbahn für das Licht.
4. Empor hat der SONNENGOTT die Strahlen gerichtet, empor alle Geschlechter der Menschenkinder.

Opferguss für RUDRÁ, ÍNDRA, alle Götter

1. Welchem Gott sollen mit Opferguss wir opfern?
2. Mit ungeschädigten Männern wollen wir ausgießen dir, o RUDRÁ, Opferguss.
3. Nicht unsere Mannen, o RÚDRA, töte, nicht unsere Kühe raube *uns*, nicht uns von der Sonne gemeinsamem Sehen halte fern!
4. Dem ÍNDRA lasst uns mit Opferguss opfern, er ja stemmt auseinander Erde und Himmel.
5. Ihm, MITRÁ, gießt diesen Opferguss ins Feuer!
6. Dem MITRÁ (und) dem VÁRUṆA lasst uns mit zwei Opfergüssen opfern, deren Späher rings um unsere Häuser stehen, unsere Häuser behüten.
7. Auch den Strömen lasst uns mit Opfergüssen opfern, die ja zu Leben fließen unseren Kühen!
8. Mit gemeinsamem Opferguss will euch Göttern allen ich opfern.

Anteil an der Opferstreu

1. Die Opferstreu lasst uns durch einen Opferspruch behüten!
2. Lass uns Anteil haben, o RUDRÁ, an der Opferstreu, an der Rede der Lebenden!
3. (Als) Opfertier auf der Opferstreu besprengten die Götter PÚRUṢA.

Das Dunkel der Nacht, das Licht des Tags

1. Râtryām támas ádhur jyótis áhan pitáras.
2. Dyáus pât-nas jyótirbhyām sûryeṇa utá mâsena!
3. Sûryas utá mâsas sú ṛtám śocírbhyām pṛṇītâm!
4. Māyâ-vām, Mítrau Váruṇau!, diví ásthita: Sûryas jyótis jígāt citrám âyudham.
5. Tân-u Agnís vádhīt śocírbhis!, prá yé minán Váruṇasya vratâni Mitrásya. Agnés hí śocíḥṣu amṛ́tās táviṣīs.
6. Índras sómam â ádita, ádhi barhíṣi yás ábhūt.
7. Â nú pṛṇât dyâvau pṛthivî arcíṣā antárikṣam páñca devân saptá víprān.
8. Yátra jyótis ájasram yásmin bhúvane súar, tásmin dhâs mâm, Sóma!, amṛ́te bhúvane!

Übung zu §SLL80/83/85

ádhārcîṃṣi < ádhā arcîṃṣi, táṣṭeva < táṣṭā iva, āhoṣâs < āha uṣâs, jyótiṣâ < jyótiṣā â, utântárikṣam < utá antárikṣam, samudrásyopásthād < samudrásya upásthād, âgāt < â ágāt, yadéd < yadâ íd, sûryeṇéti < sûryeṇa íti, uténdras < utá índras, índrorṇuthā < índra ūrṇuthā, dhattánāsmân < dhattána asmân, ṛtásyedám < ṛtásya idám, jāyéva < jāyâ-iva, vṛjinótá < vṛjinâ utá, budhántéti < budhánta íti, jígātanóditau < jígātana úditau, cânu < ca ánu, savitórdhváḥ < savitâ ūrdhváḥ, utâpo < utá ápo, cākran < ca akran

Parvan 26

Das Lichtwunder der MORGENRÖTE

1. Aufgeschlossen hat sich der Himmel für das Lichtwunder der MORGENRÖTE.
2. Die zehn mal hundert Strahlen der MORGENRÖTE sind gemeinsam hervorgetreten: Dies herrlichste der Lichtwunder der Götter seht!
3. Zusammen mit schwarzen die NACHT, die MORGENRÖTE zusammen mit lichtvollen Farben: (So) wandeln die beiden herbei, die eine, die andere.
4. Mit zwei Lichtwundern erquicken die Unsterblichen die Sippen der Menschen: mit dem Lichtwunder der Sonne bei Tag, mit dem Lichtwunder des Mondes nachts.

AGNÍ in den Häusern

1. Verschiedenenorts begibt sich in die Häuser zu jeglichem Lebensalter die Flamme des AGNÍ.
2. Lichtwunder bringt hervor, der *uns*, kühebegehrende, besieht mit (seinen) Augen, AGNÍ.
3. Hin zu AGNÍ wandeln die erhöhenden Worte als Lebenssäfte, hin zu dem Gott, der des großen SONNENGOTTES Lichtwunder hervorbringen wird.
4. Zu AGNÍ wandeln gemeinsam der die Götter Ehrenden Gemüter wie (aller) Augen auf die Sonne zu.
5. „Die Schmelzbutter, die ihr gießt in mich, (ist) Auge, Unsterblichkeitsspeise mir im Mund", spricht AGNÍ.
6. Zum Rufer der Götter und Opfergusspriester haben AGNÍ Menschen sich gemacht, kühebegehrende.

Die MARÚT und RODASÎ

1. Des SONNENGOTTES Auge machen dahinschwinden durch Regengüsse die MARÚT.
2. Im Verborgenen wandelt wie eines Menschen junge Frau RODASÎ.

Das Auge des MITRÁ, des VÁRUṆA, des AGNÍ

1. Auf geht euer beider Auge, o VÁRUṆA, der beiden Götter, die Sonne.
2. Das feuerfarbenprächtige Antlitz der Götter ist aufgegangen, das Auge des MITRÁ, des VÁRUṆA, des AGNÍ.
3. Der ALLSCHAFFENDE ist des Auges, der Sonne Vater.
4. Die Söhne der ÁDITI, die unbetörbaren, zu betören suchenden: In den Menschen sehen (sie) die verdrehten (Gedanken) und die geraden.
5. Verlängern soll uns die Lebenszeiten VÁRUṆA!
6. Nicht uns das Leben hinwegraub!
7. Verlängern zu Leben uns die Lebenszeit zu Leben möget ihr, o Söhne der ÁDITI!
8. Wir wollen ja erlangen die Lebensalter, die früheren.
9. Die Götter sollen uns die Lebenszeit verlängern zu Leben!

Verse und Opferspruch aus PÚRUṢA

1. Die Verse sind hervorgeholt worden aus PÚRUṢA, der Opferspruch wurde aus ihm hervorgeholt.
2. Die Opferstreu behüten durch einen Opferspruch die Seher.

Wunder des Universums

1. Des geordneten Weltalls Tragsäulen sind fest zu Leben, viele (deren) Erscheinungsformen.
2. Das (ist) eine Wundererscheinung, o Menschen, dass gehen die Flüsse, stehen die Wasser.

Eine Erquickung für das Auge

1. Ávas cákṣuṣe uśíjām mánuṣām áruṣī svásā Râtryās vápuṣā ketós pūrbhyás samudrásya sthât.
2. Jánlma mánuṣām, yád Uṣásas arcîṃṣi Uṣásas vápūṃṣi jígran, nárt sám Agním pári.
3. Agnés vápuṣī diví sûryas utá vidyút.
4. Mánuṣas víśvasya âyuṣas krámiṣur stómais áchā ánīkam Sûryasya.
5. Yad-â vṛṣṭís arcírbhis sûryasya vásta, vápus bhût mánurbhyas pṛṣṭhé pṛthivyâs.
6. Yajñám vádhiṣma Índrāya yájuṣā!
7. Nákṣatrais cákṣurbhis dárśam mânuṣān śáyānān upásthe-me.

Die unerschütterlichen Gebote des VÁRUṆA

॥कस्त्वे ऽश्रेंद्वरुण॒ पर्व॑ते॒ न व्र॒तान्यप्रंच्युतानि॥१॥

॥त्वे विश्वांनि॒ काव्यांनि॒ के अ॒मृतांश्च॒क्रे नाभिंरिवाश्रियन्॥२॥

॥विप्रांः पृच्छन्ति॒ के ऽमृंतानाम॒क्तावंपुर्णः पृथि॒व्याः पृ॒ष्ठे अधिं॥३॥

॥अपांव वो॒ विप्राँ॑ अ॒क्तौ पृंथि॒व्याः पृ॒ष्ठे अधीत्यांहतुर्मि॒त्रौ वरुंणौ॥४॥

॥मा॒ता मैं अ॒हं च॒ तस्मिंन्गृ॒हे ऽनुं व्र॒तानिं मि॒त्रस्य॒ वरुंणस्य च जिगाव॥५॥

Parvan 27

Aus PÚRUṢA alles geworden

1. Zwischenraum und Himmelsgewölbe waren im Anfang nicht.
2. *Ihr beide* auch, o NACHT, o MORGENRÖTE, wart im Anfang nicht.
3. *Du* auch warst nicht im Anfang, o ERDE, o aller Vierfüßigen, aller Zweifüßigen Mutter!)
4. Alle Wesenheiten wurden aus PÚRUṢA.
5. „Aus den beiden Füßen des PÚRÚṢA bin ich geworden", spricht die Erde.
6. Und die Menschen auf dem Rücken der Erde? Woraus wurden denn *wir*?
7. Auch *ihr*, o Menschen, denkmächtige, wurdet aus PÚRUṢA, der geschaffen hat die Kühe, Stiere, sogar die Frösche.
8. Darum wurde auch *ich*, SUMITRÁ, aus PÚRUṢA, den die Götter sich machten zum Opfertier, den erschlugen Götter.

Die Mutter der Kühe

1. Die in der Ferne waren, herbeigekommen sind die Kühe, aufgegangen ist die Mutter der Kühe, die MORGENRÖTE.
2. Aus der MORGENRÖTE Schoß bist du aufgegangen, o SONNENGOTT, o Auge des MITRÁ (und) VÁRUṆA!
3. Wir sind der Fackel des Sohnes der MORGENRÖTE entgegengegangen; Loblieder traten hervor aus (unserem) Mund.
4. „Durch die erhöhenden Worte der Söhne des MÁNUS bin ich aufgegangen", spricht der SONNENGOTT.
5. Wie in Schatten aus Sonnenglut sind gegangen unter den Schutzschild dein *wir*, o AGNÍ, dessen Antlitz, das feuerfarbene, *uns* erschienen ist.

ÍNDRA erschlug den VṚTRÁ

1. Hast *du*, o RUDRÁ, den VṚTRÁ erschlagen?
2. „*Ich* habe den VṚTRÁ nicht erschlagen", spricht der Herr des Blitzes.

3. Habt *ihr*, o MITRÁ (und) o VÁRUṆA, den VṚTRÁ erschlagen?
4. „Wir haben den VṚTRÁ nicht erschlagen", sprechen MITRÁ (und) VÁRUṆA.
5. ÍNDRA erschlug den VṚTRÁ; mit der Keule erschlug er den Schlangerich, der den Wolkenberg bestiegen hatte.
6. Der auseinandergeschleuderte VṚTRÁ war rings um die WASSER, die Frauen des ÍNDRA, die gemolken hatte der Keule Herr.

Nachgegangen bin unseren Kühen ich

1. Anhand (ihrer) Spuren bin ich unseren Kühen nachgegangen, schwarzen und feuerfarbenen.
2. An den Wassern fand ich (sie); im Einklang mit meinem Gebot gingen sie in den Pferch.
3. Wer hat denn die Kühe gemolken? Haben Knechte (sie) gemolken?
4. Nicht Knechte haben (sie) gemolken, *wir* haben (sie) gemolken: meine Mutter, meine Schwester und *ich*.
5. Meine Mutter und meine Schwester molken die beiden schwarzen Kühe.
6. Und welche Kuh hast *du* gemolken?
7. Ich habe eine feuerfarbene Kuh gemolken.
8. Haben dein Vater und dein Bruder auch gemolken?
9. Kühe haben sie nicht gemolken, Stuten haben sie gemolken.

Im Anfang waren nicht Berge

1. Ágre párvatās ná âsan nivátas ná âsan, ágre támas íd âsīt.
2. Ágre âsīs tvám íd, Râtri!, tvád víśvāni bhúvanāni bhadrâṇi prá âyan.
3. Aśvínau sú manīṣâs-nas ádugdhām, Uṣâs ádhok tanúe ávase.
4. Ádha nú śocís Uṣásas pṛṣṭhé nâkasya úd áit – táviṣyā mántrais-nas.
5. Ánu vratâni Váruṇasya áima yóṣam práti viśvā-áhā – mâ íd bhujmá.
6. Yuvám Vṛtrám áhim áhatam, Áśvinau?
7. Ná vayám Vṛtrám áhanva, Índras áhim, párvatān yás â ásthāt, áhan vájreṇa, íti āhátur Aśvínau.

AGNÍ erster Keim

॥गर्भो॒ न प्र॑थ॒मः प॒र इद्धू॑द्दे॒वैर॒ग्निः॥१॥

॥मर्ता॒ यं न द॒दृशुर्यं न द॒दृशुश्चं दे॒वास्तमाप॒ इद्भ्रा॒तरः पु॒त्रमा क्रंन्॥२॥

॥अ॒प्स्व१॒॑ग्निर॒प्स्व१॒॑मृतं॑म॒प्सु भे॑ष॒जम्॥३॥

॥यास्व॒प्स्व१॒॑ग्निस्ता मामापो॑ भेष॒जैरं॑विषुः॥४॥

॥तान्व॒ग्निर्व॑धीच्छो॒चिर्भिः॑ प्र॒ ये मि॒नन्वरु॑णस्य व्र॒तानि॑ मि॒त्रस्य॑॥५॥

॥अ॒ग्नेर्हि शो॒चिःष्व॒मृता॒स्तवि॑षीः॥६॥